# AL DESPERTAR

JACKIE HILL PERRY
# AL DESPERTAR

Al despertar

Copyright © 2025 por Jackie Hill Perry
Todos los derechos reservados.
Derechos internacionales registrados.

B&H Publishing Group
Brentwood TN, 37027

Diseño de portada: B&H Publishing Group.
Imágenes de la portada: SanderMeertinsPhotography/Shutterstock;
Artem Zarubin/Shutterstock; ilolab/Shutterstock.

Clasificación decimal Dewey: 245
Clasifíquese: LITERATURA DEVOCIONAL / DIOS / VIDA CRISTIANA

Ninguna parte de esta publicación puede ser reproducida ni distribuida de manera alguna ni por ningún medio electrónico o mecánico, incluidos el fotocopiado, la grabación y cualquier otro sistema de archivo y recuperación de datos, sin el consentimiento escrito del autor.

A menos que se indique de otra manera, las citas bíblicas marcadas NBLA se tomaron de la Nueva Biblia de las Américas (NBLA), Copyright © 2005 por The Lockman Foundation. Usadas con permiso.

Las citas bíblicas marcadas NTV se tomaron de la Santa Biblia, Nueva Traducción Viviente, © Tyndale House Foundation, 2010. Usado con permiso de Tyndale House Publishers, Inc., 351 Executive Dr., Carol Stream, IL 60188, Estados Unidos de América. Todos los derechos reservados

Las citas bíblicas marcadas NVI se tomaron de La Santa Biblia, Nueva Versión Internacional®, © 1999 por Biblica, Inc.®.
Usadas con permiso. Todos los derechos reservados.

Las citas de la Escritura marcadas (RVA-2015) corresponden a la versión Reina Valera Actualizada, Copyright © 2015 por la Editorial Mundo Hispano.
Usada con permiso

ISBN: 979-8-3845-0354-5

Impreso en EE. UU.
1 2 3 4 5 * 28 27 26 25

A TODOS LOS SANTOS QUE ME ENSEÑARON A
ENTREGAR MI PRIMER SALUDO A DIOS.

# RECONOCIMIENTOS

Equipo Wartrace

Los santos de B&H

Austin y Nem

1. La suma de nuestra sabiduría [...] consiste en el conocimiento de Dios y de uno mismo. Los efectos de lo último.

2. Efectos del conocimiento de Dios, al humillar nuestro orgullo, revelar nuestra hipocresía, demostrar las perfecciones absolutas de Dios y nuestra propia impotencia absoluta.

—

¿Quién, en efecto, no descansa así, mientras se desconoce a sí mismo; es decir, mientras está contento con sus propias dotes, e inconsciente o ajeno a su miseria? Toda persona, por lo tanto, al llegar al conocimiento de sí misma, no solo es impulsada a buscar a Dios, sino que también es llevada como de la mano a encontrarlo.

Mientras no miramos más allá de la tierra, estamos muy satisfechos de nuestra propia justicia, sabiduría y virtud; hablamos de nosotros mismos en los términos más lisonjeros, y parecemos solo menos que semidioses. Pero si comenzamos a elevar nuestros pensamientos a Dios y reflexionamos sobre qué clase de ser es, y cuán absoluta es la perfección de esa justicia, sabiduría y virtud, a la cual, como norma, estamos obligados a conformarnos, lo que antes nos deleitaba por su falsa apariencia de justicia se contaminará con la mayor iniquidad.

—Juan Calvino, *Institutes of the Christian Religion* [Institución de la religión cristiana], libro 1, capítulo 1

# INTRODUCCIÓN

**LOS DEVOCIONALES NUNCA FUERON** lo mío. Una manera extraña de introducir este libro, ya lo sé. Lo que tienes en tus manos es, por cierto, un devocional. Cuando algo no te gusta, el proceso de encontrarle lo bueno en general implica añadirle aquello que crees que le falta. En mi caso, lo que le falta es profundidad. No en todos los contenidos devocionales, pero en muchos. Abrimos el libro pequeño que entra en la mano o que se muestra como un adorno en la mesa de café. El día uno o treinta aparece al principio de la página. A continuación, un breve versículo bíblico. Siguen uno o dos párrafos de frases que supuestamente tienen que llevar al lector a Dios.

Todo eso es magnífico, pero ¿qué pasa cuando las palabras en sí se centran en la persona y no en Jesús? Cuando las frases son un jardín con dos centímetros de tierra, ¿qué clase de flores esperamos que crezcan de un suelo tan superficial? Recuerdo las obras de Oswald Chambers, Charles Spurgeon y *El valle de la visión*, de las cuales los escritores contemporáneos se han apartado. Es posible comunicar gloria en pocas palabras. Debido a esto, creo que no se le puede echar la culpa de la falta de profundidad a las restricciones en la cantidad de palabras en un formato devocional. Somos nosotros. Como dijo C. S. Lewis: «Es demasiado fácil complacernos».[1] Podemos leer seis frases, masticar las galletas, beber un sorbo, tragarnos el pedacito y creer que estamos llenos. Pero, sin duda, si Dios es el Pan de vida, siempre hay más.

Dicho esto, esta obra no es la comida; es el aperitivo. Mi intento de llevarnos más allá de lo rápido y fácil es centrarnos en las Escrituras y no en nosotros en cada página. Cada devocional tiene un enfoque exegético o de observación. En cualquiera de los dos casos, el objetivo es movilizarte. Abrirte el apetito, por así decirlo, en cuanto a Dios y Su Palabra. Cada devocional es una pala. Una vez que cierras la tapa, es tu turno de cavar. De abrir las Escrituras, usando mis observaciones como recurso, no como una conclusión. Lo que anhelo para ti es que, al verlo a Él, solo entonces te descubras a ti mismo. Principalmente, que descubras que lo necesitas. La insuficiencia de todo, incluidos los devocionales, es la que señala nuestra necesidad de más de lo que nos ha hecho sentir satisfechos.

Algo típico del contenido de estilo devocional es que solo participamos como un medio de tildar un casillero o calmar nuestras inseguridades espirituales. Esta obra no puede transformarse en la medida de tu madurez, y que leas solo para sentirte lo suficientemente bien. O que estudies solo para probar tu piedad. Eres capaz de mucho más, y lo sabes. Dios te hizo y te redimió para que pudieras conocerlo. De eso se trata todo. Y de eso se trata este libro. De cultivar en ti un deseo de Dios. Te aseguro que un devocional de sesenta días no puede lograr eso. Dios envió a Cristo a morir por el pecado, venciendo su castigo y su poder para que pudieras conocerlo. Y Cristo envió al Espíritu para llenar a los santos, de manera que pudieras conocerlo. Él es suficiente. Así que, incluso si terminas la página el día uno o sesenta y te das cuenta de que sigues hambriento, ¡qué bueno! Tu estómago se está preparando para más. Recuerda que el pan no está en este libro. Está en Aquel al cual este libro señala. Cierra la página y regresa el libro a su lugar, porque la cena está lista. Las Escrituras son la comida y Cristo es su pan. Acude a Él y sé saciado.

DÍA | 1

> ... y después de dar gracias, lo partió [el pan] y dijo: «Esto es Mi cuerpo que es para ustedes; hagan esto en memoria de Mí». 1 CORINTIOS 11:24

**ANTES DE TRABAJAR, O** de lo que sea que nos ocupe el tiempo después de despertar, comemos, incluso si comimos seis a nueve horas antes. Antes de dormir, comemos para detener el hambre. Después de que sale el sol y bostezamos, hacemos lo mismo. Es ciencia. Biología. Humanidad. El combustible es una necesidad perpetua, sin el cual nuestros cuerpos se romperían. En esos días espirituales cuando ayunamos, y no ingresamos comida en el cuerpo, probamos lo que nos hace la inanición. La mente va y viene. Nuestros sentimientos cambian y, si dan un giro equivocado, nos tientan a quemar todo hasta los cimientos. De lunes a domingo, nos controlan mayormente nuestros estómagos y la necesidad de llenarlos. Tal es así que su contenido determina si seremos un monstruo o una piedad.

Entonces, no me resulta extraño que el Señor use la comida como una metáfora de sí mismo. Lo más memorable en este sentido es la metáfora del pan. Todo empezó cuando Jesús le dijo a Israel que el Padre tiene pan verdadero para dar (Juan 6:32). Suponiendo que la predicación de Jesús sobre el pan significaba que Él tenía acceso a un maná mejor, ellos escucharon esto y contemplaron un milagro diferente. Uno de sustento continuo. «Señor, danos siempre este pan», le dijeron (Juan 6:34). Siempre. Supusieron que Jesús se estaba ofreciendo a llenarles la panza y no el alma. Con un producto hecho de trigo, plantado en el suelo, cultivado desde cero y cosechado por manos humanas. Eso puede que fuera pan, pero ese pan no era el mejor maná. El verdadero pan era y es Jesús, el cual dijo: ««Yo soy el pan de la vida», y «Yo soy el pan vivo que descendió del cielo» (Juan 6:35, 51).

Tal vez te preguntes adónde quiero llegar con esto. Cómo se conecta mi punto original con el más reciente, y a lo que me refiero es a esto: así como nuestro cuerpo necesita una dieta constante de alimento, nuestra alma necesita a Dios de esta manera, siempre. Al despertar, tenemos hambre de cielo, y sin embargo, la llenamos desplazándonos por un dispositivo, o muchos. A medida que el día avanza y el estómago sigue vacío, lo volvemos a llenar, cuando alguien nos da una medida de amor, un «me gusta», una mirada. Antes de dormir, el alma, si fuera algo visible, se parecería a un esqueleto. Casi sin poder pararse por su cuenta o sonreír con todos los dientes. El cuerpo que contiene esta cosa casi muerta se siente vivo porque depende de cualquier otro pan menos del que envió el Padre.

Pero la mesa del Señor está puesta, lista para que nos sentemos. Revive con Su vida. Llénate de Su amor. Raspa el plato y déjalo limpio. Necesitamos el Pan del cielo porque, realmente, ninguna otra comida nos llenará.

## DÍA | 2

*Dedíquense a la oración con una mente alerta y un corazón agradecido.* COLOSENSES 4:2, NTV

**A NADIE LE GUSTA** aburrirse. Especialmente ahora, en esta era, con un millón de maneras de entretenerse. Cuestiones como que los anuncios sean opcionales refuerzan nuestra impaciencia. Cuando apenas una década atrás, aproximadamente, sentarse a ver un anuncio mientras jugueteabas con tus pulgares era una obligación. Ahora, es una decisión que uno toma. Hay que mantener el entretenimiento andando, decimos.

Después, está la invención maravillosamente terrible de las redes sociales, que entretienen sin parar. Es como tener el Coliseo en nuestras manos. Con tan solo deslizar el dedo, tenemos videos de una receta, un sermón de doce segundos, un canastazo de baloncesto, una rodilla sobre un cuello, un artículo sobre nada o sobre todo, un disturbio en el Capitolio y un perro que canta Sinatra.

No es de extrañar que, cuando llega la hora de orar, la longitud y la consistencia de la oración sufre bajo el peso de una mente que está completamente incómoda con el aburrimiento. En cualquier espacio tranquilo que hayas elegido, ya sea en tu auto o en tu armario, te sientas o te acuestas, te arrodillas o te paras. Cerrando los ojos, empiezas, como de costumbre, diciendo: «Padre nuestro», o algo similar. Después, recuerdas que te olvidaste de comprar toallas de papel para la cocina. «Que estás en los cielos...». Ah, está esa reunión en línea el martes. «Santificado sea tu nombre». ¿Por qué Papá no te compró la bicicleta que le pediste cuando tenías doce años? Para entonces, tienes dos opciones: seguir sentado con Dios en el silencio de todo, o entregarte al ruido de tu mente, lo cual, si somos sinceros, parece más entretenido que la intimidad.

«Considera el aburrimiento durante la oración como un acto de purificación», recomienda un pastor. «En este suceso sin incidentes, Dios nos purifica del dios falso de los buenos sentimientos. La oración silenciosa suele ser algo que deseo evitar, porque me obliga a exorcizar los demonios del entusiasmo, la estimulación y la distracción».[2] En cierto sentido, recuperarás la disciplina en tu vida de oración a medida que redescubras la belleza del aburrimiento. Siempre y cuando necesites estar haciendo, escribiendo, leyendo, riendo o mirando algo para tener gozo, la oración no te interesará. Pero si haces una pausa y recuerdas otra vez el inicio de la oración —«Padre nuestro que estás en los cielos, santificado sea tu nombre»—, recordarás a Dios, el objetivo de toda oración. Ya sea en un armario o en un auto, Aquel a quien le hablas es santo en el cielo, trascendente en la naturaleza, y aun así, relacional y, por ende, cercano a ti, Su hijo. Es sumamente interesante. Sumamente intrigante. No entretenido en sí, pero absolutamente digno de la concentración de tu mente. Y, créeme, habrá distracciones. Es parte de lo que significa ser humano. Pero, cada vez que la mente deambule, vuelve una vez más a Dios, y otra vez, y otra vez.

DÍA | 3

> Entonces dije: «Este es mi dolor:
> que la diestra del Altísimo ha cambiado».
> Me acordaré de las obras del Señor; ciertamente me
> acordaré de Tus maravillas antiguas.
> Meditaré en toda Tu obra,
> y reflexionaré en Tus hechos. SALMO 77:10-12

**LA PALABRA DE DIOS** y su naturaleza deben informar tus emociones. Al decir esto, no me refiero a que los sentimientos son innecesarios cuando, en realidad, son útiles para muchas cosas. Sin embargo, por más prácticos que sean, se transforman en un peligro para nosotros y para el mundo siempre que están desconectados de la Palabra de Dios.

Por ejemplo, piensa en los diez espías que vieron a los gigantes en Canaán, sintieron miedo y se olvidaron de Dios. O considera a David, que caminó por su terraza, observando a una mujer que tenía un pacto con otro, sintió pasión y se olvidó de la pureza de su corazón. O Pedro, que estaba en un jardín no solo con su Señor, sino también con los hombres a los cuales había sido entregado su Señor, y mientras se llevaban al Señor, Pedro sintió muchas cosas. Quizás miedo, tal vez celo. De cualquier manera, cuando una espada se levantó, una oreja cayó. En medio de sus sentimientos, se olvidó del reino. Cuando los sentimientos adquieren una supremacía inmerecida, pueden llevarnos a responder a nosotros mismos, a los demás y a nuestras circunstancias de maneras que reflejan la emoción más que al Creador.

En este punto, al señalar la influencia negativa que pueden tener las emociones, uno podría ver esas emociones como un enemigo de la fe. Esa también sería una manera irracional, o incluso emocional, de ver las cosas. Las emociones son buenas, poque no solo las creó nuestro Señor, sino que también las tiene. Entonces, el tema no es solo qué o cómo sentimos, sino cómo lo que heredamos de Adán nos lleva a responder a esos sentimientos.

Para expresarlo de otra manera, los sentimientos no son el problema; la carne lo es. Entonces, para volvernos más santos, no nos sirve eliminar las emociones. Lo que nos sirve es la Palabra inspirada por Dios, tanto escrita como viva: escrita en cada relato, epístola y salmo, y viva en el Dios encarnado del cielo. El cual, después de ascender a esa gloriosa diestra, junto con Su Padre, envió a Su Espíritu que alguna vez se movía sobre las aguas, no solo a moverse sobre nosotros, sino a habitar plenamente en las personas por las cuales Cristo murió. Estas personas sentirán muchas cosas todo el tiempo, pero pueden y deben reflejar la naturaleza de Dios cuando lo hagan.

DÍA | 4

Dios mío, Dios mío, ¿por qué me has abandonado?...

SALMO 22:1

**CUANDO LEO LOS SALMOS,** me llama la atención cuán a menudo se cuestiona a Dios. Por qué Él permite esto. Por qué ha abandonado aquello. El sufrimiento me produce curiosidad, y me parece que ser inquisitivo es en realidad una parte saludable de la oración. Incluso Jesús, a punto de morir, le hizo a Dios una pregunta.

No sé quién nos enseñó a negarle a Dios nuestras preguntas. Si fuera a adivinar, seguramente se remonta a los ancianos de Israel que no querían que fuéramos irreverentes. Sabían que Dios era fuego consumidor, que descendía a montañas que no podían tocarse. Cada generación después de ellos fue igual de obstinada y, por lo tanto, propensa a poner a prueba a Dios, como si su alma no estuviera en juego. Así que no les negaré la dignidad de tener buenas intenciones.

Pero tampoco deberíamos negar el testimonio de la Escritura respecto a este tema. Las personas piadosas le hacen preguntas a Dios, ¿y por qué no? Sus caminos no son los nuestros. Sus pensamientos no son los nuestros. La manera en que Dios se mueve no suele alinearse con nuestra lógica, ya que Él no comparte nuestra naturaleza ni nuestra esencia. Nosotros huimos del dolor; Él lo usa. Nosotros odiamos a nuestros enemigos; Él los ama. Nosotros intentamos aferrarnos a nuestra vida con puños cerrados, y Él nos indica otro camino. El camino de la muerte que, de alguna manera, nos lleva a encontrar la vida que pensábamos que estábamos perdiendo.

La vida con un Dios trascendente no siempre tendrá sentido, y si ese es el caso, será muy común que aparezcan las preguntas. Cuando nuestra aversión a la curiosidad en la oración haya desaparecido, a menudo me pregunto si descubriremos lo que le hemos retenido a Dios. Y con eso, me refiero a nuestro mismo ser. Evitar la curiosidad puede ser un lujo, en cierto sentido. Para hacer cualquier pregunta, es necesario reconocer tus limitaciones intelectuales. Pero no solo eso: para hacer cualquier pregunta, tienes que sentarte dentro de la tensión que tu cuerpo, tu vida y tu mente hayan traído. Es doloroso destapar lo que duele. Pensar en lo que no nos resulta claro es frustrante. Si decides no hacerle a Dios ninguna pregunta respecto a estas cosas, puedes seguir adelante con tu vida, mantener una sensación de control y una paz fabricada. Pero hacerlo implica negarte la oportunidad de darle a Dios todo tu ser.

¿Y si hacerle preguntas a Dios es una manera de cultivar la intimidad con Él? ¿Y si tus preguntas se transformaran en una puerta mediante la cual puedes ser vulnerable con Él? ¿Y si tus preguntas abren tu mente a leer las Escrituras con una expectativa empoderada por el Espíritu, en lugar de una monotonía apática? Si, realmente, Jesús es la sabiduría de Dios (1 Cor. 1:24), ¿qué pasa si, al hacer preguntas, descubres a Dios y, al encontrarlo, encuentras tus respuestas?

DÍA | 5

> Con toda oración y súplica oren en todo tiempo en el Espíritu, y así, velen con toda perseverancia y súplica por todos los santos. EFESIOS 6:18

**SOLÍA CREER QUE LA** falta de oración dependía exclusivamente de mí. Si no oraba, era porque el día me había atropellado. El reloj se parece mucho a mi hija mayor, un líder desmesurado. El calendario, también. Todos los días hay algo para hacer. Mucho de eso es bueno. Trabajar desde casa o desde una oficina. Almuerzo con amigos de la escuela, de la iglesia, o de donde sea. Después, las tareas fastidiosas como lavar la ropa. En alguna parte del mundo, hay una pila de ropa del lado frío de la cama, abandonada e ignorada por mejores momentos. Cuando hay cuestiones de la vida, amigos, iglesia, hijos, escuela, esposos, esposas, trabajos rutinarios y toda clase de horarios, ¿dónde se supone que encaja la oración? Todo esto tenía sentido para mí. Me daba una razón y un dedo para señalar, hasta que abrí los Evangelios y vi la verdad.

La verdad es que Jesús también estaba ocupado. El Padre tenía negocios que Su Hijo vino a administrar. Una mujer junto a un pozo que necesitaba agua. Un Lázaro que había que resucitar. Sendas que enderezar. Vino que transformar. Cuerpos que sanar.

Incluso mientras descansaba, cuando unas olas hicieron que Sus discípulos lo despertaran, Él se puso a trabajar hablando paz. Y, sin embargo, en ningún momento en los Evangelios se lo ve descuidando la oración. Él se proponía encontrarse con Su Padre, a veces por la mañana, y otras veces durante toda la noche. A menudo, antes de tomar decisiones y crear milagros. Aun en el día de Su muerte, se encontró con Dios para hablar de una copa, y mientras esta era derramada, Jesús habló con Dios sobre una cruz (Mat. 26:39, 27:46).

No había nada, ni en el cielo ni en la tierra, que evitara que Jesús se encontrara con el Padre. El tiempo nunca ha sido la razón por la cual una persona no ora; el corazón lo es. La falta de oración casi siempre es un problema de humildad: la consecuencia natural de un corazón que tiende a creer que es bueno sin Dios. Sí, tal vez estés ocupado, pero también es posible que seas orgulloso. El orgullo es el verdadero enemigo de tu vida de oración. El orgullo nos engaña a pensar que somos autosuficientes. Que nuestro trabajo provee lo que necesitamos. Que nuestras relaciones brindan consuelo. Que nuestro intelecto y nuestra ambición nos dan éxito. Pero, en realidad, todo lo que eres y todo lo que tienes se debe a que Dios hace llover sobre justos e injustos (Mat. 5:45).

Así que, para volvernos más devotos en la oración, debemos ser humildes. Para ser humildes, necesitamos ser sinceros. Cada mañana, decir la verdad. Y la verdad es que tienes necesidad, incluso cuando no lo sientas. Entonces, vuélvete a Dios y ora.

DÍA | 6

De modo que si alguno está en Cristo,
nueva criatura es; las cosas viejas pasaron,
ahora han sido hechas nuevas. 2 CORINTIOS 5:17

**SER LLAMADO «NUEVA CRIATURA»** es un atributo glorioso y digno de alabanza. Si estás en Cristo, eres alguien nuevo. Es decir, diferente, original, recién hecho. Lo que es típico sobre ti es que siempre has sido y siempre serás una criatura. Dios es el único que no lo es. Todo lo demás fue hecho. Un derivado del Eterno.

La realidad de que eres una criatura nunca fue el problema; el problema siempre ha sido tu resistencia a la sumisión que requiere tu condición de criatura. Todas las cosas fueron hechas por medio de Él y para Él (Col. 1:16). Si fuiste hecho, entonces fuiste hecho para Alguien más alto que tú. La primera criatura humana, Adán, arruinó este concepto para ti. El pecado original, como se llama, te entrenó para que detestaras a tu Hacedor y las limitaciones de ser creado. Toda tu vida te esforzaste mucho por vivir independiente de Dios. Así, te negabas la vida con todo el aliento que Él te dio. Pensabas que el mundo te pertenecía, y también tu cuerpo. Esos engaños te resultaban naturales. La oscuridad era tu país natal.

Pero, entonces, no por nada que hayas hecho, el Espíritu de Dios se paseó por la tierra, donde tu alma era el suelo, y sacó vida de la muerte. Una gracia. El suelo impenetrable se ablandó y se abrió de par en par. Todo lo que no tenía forma y estaba vacío se transformó. El agua viva llenó cada espacio vacío. Una nube de preocupaciones se elevó por encima de ti, ya que tan solo el cielo podía llevarlas. Tus ojos, ahora un sol, llenos de luz y de miles de estrellas invisibles. Al poco tiempo, el suelo produjo plantas que tan solo recibió y que nunca plantó. Cada una vino con el descubrimiento de fruto. De amor, benignidad, bondad, paciencia, dominio propio, gozo, paz, mansedumbre y fidelidad. El fruto era la prueba de tu condición nueva. Nada y todo había cambiado. Seguías siendo una criatura, pero de una clase diferente. Una que reconocía a su Creador por nombre y le daba todo lo que merecía. La mente y el corazón que intentaste acaparar, los devolviste. El alma también.

Tu condición de nueva criatura influyó en cómo veías el mundo y todo lo que hay en él. Las criaturas parecían diferentes. Las veías y recordabas quién las hizo. Cuando ellas odiaban, tú amabas. Cuando estaban cargadas, tomabas sus nubes y las llevabas hacia el cielo. Incluso te unías a ellas en alabanza y oración por el cielo que compartían y el infierno que soportaban en el camino.

Ser llamado nueva criatura es ver tu nombre en el relato de Génesis, pero la diferencia es que tuviste dos comienzos. Uno fue cuando naciste. El otro, cuando naciste de nuevo. Y esta nueva vida ha vencido la muerte. Eso también es diferente, en el sentido de que no será el final de lo nuevo, sino su continuación. El final de la vida será una especie de principio, en un nuevo cielo y una nueva tierra, donde nada y todo habrá cambiado para siempre.

DÍA | 7

Pues esta aflicción leve y pasajera nos produce un eterno peso de gloria que sobrepasa toda comparación, al no poner nuestra vista en las cosas que se ven, sino en las que no se ven. Porque las cosas que se ven son temporales, pero las que no se ven son eternas. 2 CORINTIOS 4:17-18

**EL SUFRIMIENTO CREA UNA** lente interpretativa. O refina la visión del que sufre respecto a Dios o la desenfoca. Un ejemplo intenso pero útil de esto se puede observar en el libro de Eli Weisel, *La noche*. En él, el autor lleva a los lectores a través de su tiempo en el infame campo de concentración de Auschwitz. Una versión del infierno construida por la mente humana, para «albergar» la tortura, el asesinato y usar a los hijos de Abraham como mano de obra. Weisel describe una escena en la que su familia baja de un tren, al llegar a Auschwitz, ingenuos sobre su origen e intención. Su madre y su hermana son separadas de él y de su padre, y jamás se vuelven a ver. Él levanta la mirada y ve humo, un monte Sión degenerativo. Encuentra el origen del humo cuando ve cómo bebés, niños y adultos son arrojados al fuego. El sacrificio de los «débiles». Ante este horror, escribe:

> Jamás olvidaré aquella noche, la primera noche en el campamento, que transformó mi vida en una larga noche siete veces sellada. Jamás olvidaré aquel humo. Jamás olvidaré los pequeños rostros de los niños cuyos cuerpos vi transformarse en humo bajo un cielo silencioso. Jamás olvidaré aquellas llamas que consumieron mi fe para siempre. Jamás olvidaré el silencio nocturno que me privó eternamente de mi deseo de vivir. Jamás olvidaré aquellos momentos que asesinaron a mi Dios y mi alma, y transformaron mis sueños en cenizas.[3]

El sufrimiento creó un lente para Eli que, por la mera virtud de su fuerza, hizo que la fe de Eli fuera inútil y su Dios, inexistente. Pienso en Eli a menudo cuando escucho sobre santos sin un holocausto, pero relacionados con alguna versión del infierno. Su sufrimiento es tan amplio, tan pesado, tan antinatural que los tienta a negar la verdad. Reimaginar a Dios funciona como un mecanismo de defensa contra lo que duele.

Todos lo hacemos, de alguna u otra manera. En general, en diversos grados. Cuando nuestras circunstancias nos tientan a dudar de algo cierto sobre Dios. Cuando nos llevan a pensar que no es bueno, bondadoso, fiel, confiable, presente, poderoso, justo o real. Una prueba se transforma en un maestro falso al cual escuchamos porque, si somos sinceros, creer una mentira es más cómodo que la realidad. La esperanza es un proyecto incómodo, pero a eso somos llamados. Y no sin alguna garantía de su valor. Veo a Jesús, que toma prestado del Salmo 22 en Su discurso a

Dios en el Calvario. En medio de un sufrimiento inimaginable, Jesús habla de haber sido abandonado. Una circunstancia que, desde una perspectiva humana, podría comunicar fácilmente una falsedad sobre Dios. Jesús deja el salmo sin terminar, pero lo tenemos a disposición completo. Después de sentirse abandonado, David declara la verdad:

> Dios mío, Dios mío, ¿por qué me
> > has abandonado?
> ¿Por qué estás tan lejos de mi salvación y de
> > las palabras de mi clamor?
> [...] *Sin embargo, Tú eres santo,*
> que habitas entre las alabanzas de Israel.
> > (Sal. 22:1, 3, énfasis añadido)

Aun cuando la vida es difícil, Dios existe. Aun cuando la vida es difícil, Dios es bueno.

DÍA | 8

Aborrecieron la tierra deseable, no creyeron
en Su palabra. SALMO 106:24

**«¿HASTA CUÁNDO NO CREERÁN** en Mí a pesar de todas las señales que he hecho en medio de ellos?» (Núm. 14:11). Dios le dijo esto a Moisés después de que enviaran a doce espías a Canaán para observar la tierra y que escucharan a diez de ellos volver con un mal informe. El informe de los diez era algo como esto: «La tierra por la que hemos ido para reconocerla es una tierra que devora a sus habitantes» (Núm. 13:32). Y «No podemos subir contra ese pueblo, porque es más fuerte que nosotros» (Núm. 13:31).

Dos hombres que habían subido con los diez espías no estuvieron de acuerdo con la evaluación de la mayoría. Ellos también observaron la tierra y a los hombres que habitaban ahí. Con sus propios ojos, vieron a qué se enfrentaban como nación, pero su voz no tembló. Sus manos se mantuvieron firmes, y su resolución, intacta. Sin duda, su valor no era algo heredado, sino una decisión. No importaba cuán altos fueran los habitantes de ese lugar ni cuán fortificadas estuvieran sus ciudades, porque, como Josué declaró: «Si el Señor se agrada de nosotros, nos llevará a esa tierra y nos la dará» (Núm. 14:8).

La diferencia entre los dos y los diez es esta: un grupo creyó a Dios; el otro, no. En general, no solemos relacionar la valentía con la fe o el temor con la incredulidad, pero si consideramos a los espías, es evidente que dos tenían una visión elevada —y, por ende, correcta— de Dios que influía en cómo percibían la tierra. Por un lado, creían que estaba con ellos. Y lo estaba. Dios puso Su corazón sobre este pueblo, y se propuso rescatarlos tal como había prometido. Después de liberarlos, hubo un mar que se abrió a la mitad para que ellos lo atravesaran y, mientras viajaban de un lugar al otro, Dios estaba con ellos día y noche. Mediante fuego y una nube. El Dios invisible se hizo visible para que Su pueblo pudiera tomar conciencia de Su cuidado. Además, Dios instruyó a Moisés respecto a cómo edificar el tabernáculo: Dios *con* Su pueblo. Les dio leyes para que fueran santos, e instrucciones sobre cómo hallar expiación cuando no las cumplían: Dios *por* Su pueblo. Y no olvidemos que, antes de que se entregara la ley, antes de que se construyera el tabernáculo, antes de que la nube fuera delante o el fuego detrás, Dios prometió darles esta tierra. La tierra con las personas que había ahí, las cuales los diez pensaron que eran más fuertes que Dios. El Dios que ya se había enfrentado a toda una nación, pero supongo que no podían creer que lo haría otra vez.

Me entristece admitir que, a veces, somos los dos. La mayoría de las veces, somos los diez. Tan consternados por la grandeza de lo que tenemos por delante que nuestros temores se transforman en señor y rey. Como quien visita una nueva ciudad, hay señales por todas partes. Síguelas y encuentra adónde vas. La más brillante es una tumba sin un cuerpo adentro. Su destinatario estuvo ahí un momento, pero se levantó y probó Su preeminencia sobre ella.

Por gracia, hemos recibido este mismo poder sobre la muerte y el pecado, y por lo tanto, nosotros *también* somos fuertes; Dios *por* nosotros. Por gracia, hemos recibido Su Espíritu. Dios *con nosotros*.

DÍA | 9

El que no negó ni a Su propio Hijo, sino que lo entregó por todos nosotros, ¿cómo no nos dará también junto con Él todas las cosas? ROMANOS 8:32

**JEHOVÁ JIRÉH TIENE VARIAS** asociaciones. La mayoría tienen que ver con una factura de teléfono pagada, gracias a un buen hombre. Billetes de dólar apretados en una pelota, sostenidos en las palmas escondidas de un santo benevolente y puestas con discreción en manos desprevenidas. Y este nombre describe lo que es cierto sobre Jehová: el Señor sí provee. Y lo ha hecho desde el principio de los tiempos.

Los originales, Adán y Eva, sabían que este era el caso. Fueron creados y encomendados en un lugar sin cultivar, pero listo para usar. Fueron llamados a sojuzgar lo que ya estaba ahí. Se les dijo que fructificaran y se multiplicaran con los cuerpos que habían recibido. Adán les dio un nombre a criaturas que no había creado, con una mente que tampoco había hecho. Para que cualquier tenga o haga algo, el Hacedor del cielo y la tierra debe proveerlo. Dios siempre ha *sido,* pero Jehová Jiréh como descripción del Eterno tiene su origen en el Edén. Entonces, ¿de dónde salió este nombre?

Bueno, tal vez recuerdes la historia de Abraham y su hijo Isaac. Llamado a ir donde Dios le diría, a Abraham se le prometió que lo transformarían en una nación, que todas las familias de la tierra serían benditas a través de él y que todo esto llegaría a través de su simiente, Isaac (Gén. 12:1-3; 15:2-5; 17:1-8). Después, llega un giro en la trama. Cuando Abraham recibió a su hijo prometido después de décadas de esperar, Dios le mandó que lo sacrificara (Gén. 22:1-2). Todo esto era una prueba, pero Abraham no lo sabía. Lo único que sabía, según Hebreos, era que, si Dios le había prometido que sería el padre de muchas naciones, y esa promesa dependía de que Isaac estuviera vivo, sin duda Dios debía de tener una resurrección bajo la manga (Heb. 11:19).

En Génesis 22:3-10, llega el momento de que Abraham obedezca. Él y su amado hijo suben al monte Moriah. El padre de Isaac toma unas sogas y envuelve a su hijo prometido. Coloca al hijo sobre la madera. El padre toma el cuchillo. El cuchillo se eleva, listo para caer sobre el hijo. ¿El asesinato de una promesa? No necesariamente. Antes de que el cuchillo caiga, el padre escucha una voz que lo llama. «¡Abraham, Abraham!». Y él respondió: «Aquí estoy» (Gén. 22:11). La voz le dice: «No extiendas tu mano contra el muchacho, ni le hagas nada. Porque ahora sé que temes a Dios, ya que no me has rehusado tu hijo, tu único» (Gén. 22:12). El padre levanta la mirada, y allí en un matorral, trabado por los cuernos, hay un carnero provisto como reemplazo para el hijo (Gén. 22:13). En respuesta a la gracia y el regalo del Señor, Abraham conmemora el momento: «Y Abraham llamó aquel lugar con el nombre de El Señor Proveerá» (Gén. 22:14).

Este nombre, Jiréh, trae a la mente este momento, cuando Jehová Jiréh proveyó un carnero en el matorral. Este momento, una sombra, que señalaba al día en que Dios proveería a Su propio hijo encarnado. Como Él fue entregado, el juicio que les espera a los malvados, como un cuchillo listo para el cuello, cayó sobre el Hijo por órdenes del Padre. No hubo ningún carnero para reemplazar a este hijo, porque este Hijo *fue* el sustituto por nosotros. Es tanto el carnero en el matorral como el Hijo que resucita. Gloria a Dios porque no escatimó a Su Hijo, Su único Hijo, y lo entregó por nosotros.

DÍA | 10

«Pues ¿qué provecho obtendrá un hombre si gana el mundo entero, pero pierde su alma?...» MATEO 16:26

**A LOS MALVADOS TODO** les resulta fácil, o al menos, así pareciera. Los ves porque has sido ellos. Los conoces por nombre y por naturaleza. Algunos son amigos que prefirieron el camino ancho al angosto por el cual los dejaste. O familiares cuyos corazones de piedra no se han movido. Por proximidad a sus vidas y por amor, puedes ver cómo ha resultado su vida, y no parece estar mal. En especial, para alguien que se dirige al infierno y todo eso.

Tienen buenas relaciones con otros. El soltero encontró a alguien, y tú, si eres soltero, has orado y te han negado esa misma bendición. Otras amigas nunca pidieron, nunca llamaron, nunca lloraron como Ana, y aun así, quedaron embarazadas. Algunos miembros de la familia detestan a Dios, jamás dirían que es bueno, y sin embargo, no hay ninguna lucha en su pecho. Están todos bien alimentados, con logros en su haber; las puertas se abren y jamás se cierran. Vuelves a casa y ves por televisión a mujeres y hombres con millones de recursos. Diversos afluentes, y bien sabes que no recibieron nada de esa provisión por fe. Un botín deleitoso les cayó de arriba, mientras pareciera que tú tienes la soga al cuello, bien apretada.

Porque tú, cristiano, has sido probado por fuego. Cada varios meses o días —quién sabe cuándo estarás sufriendo—, Dios vuelve a hacer que la vida sea difícil. Las relaciones se vuelven raras. El dinero escasea. La mente se confunde. El corazón se torna apesadumbrado, pero ¿los malvados? Se despiertan todas las mañanas con una consternadora combinación de cero temor por Dios y lo que parece ser todo Su favor.

Más de un santo en la Escritura se sintió de esta manera. Jeremías dijo: «¿Por qué prospera el camino de los impíos y viven en paz todos los que obran con perfidia?» (Jer. 12:1). Job declaró: «Las tiendas de los destructores prosperan, y los que provocan a Dios están seguros» (Job 12:6). Malaquías se lamentó: «Por eso ahora llamamos bienaventurados a los soberbios. No solo prosperan los que hacen el mal, sino que también ponen a prueba a Dios y escapan sin ser castigados» (Mal. 3:15).

Y después está Asaf, el cual, en el Salmo 73, llama la atención a lo que parece una parcialidad por parte del Señor (pero no lo es, ya que Romanos 2:11 deja en claro que Dios no hace acepción de personas). Cuando considera las pruebas del justo y lo bien que lo pasan los malvados, llama la atención a la tentación particular de su propio corazón: «Porque tuve *envidia* de los arrogantes al ver la prosperidad de los impíos» (v. 3, énfasis añadido).

Asaf nos ayuda a ver que una tentación que surge en las épocas de sufrimiento o carencia es la envidia. Lo que querían los profetas no era tan solo prosperidad, sino la «libertad» que parece traer. Cuando un santo sufre, naturalmente, lo que más quiere es ser aliviado. Ser consolado, engañosamente, al disfrutar de una vida más fácil. Mientras que Dios siempre quiere que aprendas a descubrir el consuelo de Su presencia, la paz de Su cuidado y la libertad de Su Espíritu. No en las cosas, ni siquiera en la seguridad, sino en Él.

Lo interesante es cómo los santos que sufren envidian porque están distraídos. Solo cuando apartan la mirada de Dios y miran a los malvados, ahí codician. Pero, cuando miran a *Dios,* disciernen. «Cuando pensaba, tratando de entender esto, fue difícil para mí, hasta que entré en el santuario de Dios; entonces comprendí el fin de ellos. Ciertamente Tú los pones en lugares resbaladizos; los arrojas a la destrucción» (Sal. 73:16-18).

Las pruebas de la vida tal vez no se vayan cuando los santos reenfocan su mirada, pero ellos adquieren sabiduría al hacerlo. Pueden ver gracia en todas partes. Al igual que Asaf, que dijo de sí mismo y de Dios: «yo siempre estoy contigo», y «Mi carne y mi corazón pueden desfallecer, pero Dios es la fortaleza de mi corazón y mi porción para siempre» (vv. 23, 26). Si los malvados no tienen a Dios, aun si tienen todo, no tienen nada.

DÍA | 11

> Estén siempre gozosos. Oren sin cesar. Den gracias en todo, porque esta es la voluntad de Dios para ustedes en Cristo Jesús. 1 TESALONICENSES 5:16-18

**LOS CELOS SON SINIESTROS** en su origen y destructivos en su aplicación. Santiago lo expresó de esta manera: «Pero si tienen celos amargos y ambición personal en su corazón, no sean arrogantes y mientan así contra la verdad. Esta sabiduría no es la que viene de lo alto, sino que es terrenal, natural, diabólica. Porque donde hay celos y ambición personal, allí hay confusión y toda cosa mala» (Sant. 3:14-15).

Los celos nos resultan muy comunes a todos. Siempre hay algo que otra persona tiene y que queremos para nosotros. La familia grande. El hombre apuesto. La vida más fácil. La esposa cariñosa. La cintura pequeña. Los cheques grandes. El césped verde al otro lado de la cerca. Comparamos las bendiciones de los demás (o sus juicios ocultos) con los nuestros y con la sabiduría que viene de abajo. La comparación se transforma en competencia.

Una cosa es discernir adecuadamente lo que el otro tiene y que te falta, y encontrar gozo en la diversidad de la generosidad divina. Y saber que Dios «hace salir Su sol sobre malos y buenos, y llover sobre justos e injustos» (Mat. 5:45). Otra muy diferente es comparar y terminar creyendo una mentira sobre Dios y sobre tu prójimo gracias a esto. La mentira que creemos del prójimo suele ser que no es digno de nuestro gozo, nuestro amor, nuestro elogio piadoso o nuestras oraciones sinceras, debido a quién es o a lo que tiene. ¿Ves la pecaminosidad de esta postura? Nos inclina a desestimar la imagen de Dios en la gente y a aborrecerla por las bendiciones que ha recibido. Y después, la mentira que creemos sobre Dios, de una u otra manera, es que tiene favoritos. Que ha sido y está siendo más benevolente, bondadoso o favorable con otros que contigo. La verdad es que «en Dios no hay acepción de personas» (Rom. 2:11). Así que las bendiciones de tu prójimo no se deben a que Dios lo ame *más*. Sencillamente, Dios, en Su soberana sabiduría, tiene el derecho de darle a uno césped verde y a otro, uno más verde. Ningún jardín sugiere más o menos cuidado por parte de Dios.

Otra verdad es la siguiente: «No tienen, porque no piden. Piden y no reciben, porque piden con malos propósitos, para gastarlo en sus placeres» (Sant. 4:2b-3). Algunas de las cosas que quieres no las tienes porque nunca las pediste. Es decir, un patrón de pedir en oración siempre es una forma de resistir los celos. Si Dios dio, entonces Dios da. Y, si pides y no recibes, considéralo como una protección. Hay ciertas cosas que Dios retiene porque lo que es una bendición para otros puede ser una maldición para ti. Dios te conoce mejor que tú. Así que ten cuidado de codiciar regalos que no se te ha concedido recibir.

En cambio, mira hacia arriba, a tu alrededor y en tu interior y crece en gratitud por todos los buenos dones que has recibido del Padre de las luces. ¿Tienes un cuerpo con dones y una mente sana? Dale gracias a Dios. ¿Tienes una comunidad cristiana, una familia y un cielo azul bajo el cual vivir? Entonces, dale gracias a Dios. ¿Tienes un corazón de carne? ¿Un alma restaurada? ¿Una unión con Cristo? Entonces, dale gracias a Dios.

DÍA | 12

Fue despreciado y desechado de los hombres, varón de dolores y experimentado en aflicción... ISAÍAS 53:3

**EN SU ENCARNACIÓN, JESÚS** se volvió tan necesitado y dependiente como nosotros. Nos esforzamos mucho por no ser así de vulnerables. Lo interesante sobre todo esto es que la proyección de la falta de necesidad es, en esencia, una imitación de la deidad. Un intento de ser visto como un dios, sin necesidades. Codiciamos ser algo más de lo que somos, y la parte irónica es que el rechazo incesante de la vulnerabilidad, en lugar de ser algo que nos fortalezca, termina siendo completamente agotador.

En virtud de Su absoluta humildad y en contraste con todo hijo de Adán, cuando Cristo se encarnó, eligió la debilidad. La debilidad de la humanidad se volvió suya. «Aunque existía en forma de Dios, no consideró el ser igual a Dios como algo a qué aferrarse, sino que se despojó a Sí mismo tomando forma de siervo, haciéndose semejante a los hombres» (Fil. 2:6-7). Por más misteriosa que sea la encarnación, las razones detrás de ella son escrituralmente claras. Una explicación es la siguiente: Cristo se hizo como tú para ayudarte. «Por tanto, tenía que ser hecho semejante a Sus hermanos en todo, a fin de que llegara a ser un sumo sacerdote misericordioso y fiel en las cosas que a Dios atañen, para hacer propiciación por los pecados del pueblo. Pues por cuanto Él mismo fue tentado en el sufrimiento, es poderoso para socorrer a los que son tentados» (Heb. 2:17-18).

Me imagino que la proyección de falta de necesidad se extiende más allá de nuestras relaciones humanas, y también contamina nuestra intimidad con el Padre. Solemos suponer que nuestra cercanía a Dios, nuestra santidad y otras cuestiones similares son cuestiones rígidas. Morir y cortar. Confesar y arrepentirse. Pero ¿y si la piedad nos evade (a veces) debido a que no creemos que Cristo se identifica con nosotros? Si vemos a Dios en un trono, mirando hacia abajo a la iglesia que Su Hijo redimió, siendo débil e inexperto en cuanto al mundo, y en Su mente tan solo hay críticas y condenación calculada, naturalmente, no le mostraremos nuestra vulnerabilidad, ¿no es cierto? Pero ¿qué pasaría si recordáramos a Jesús en el desierto, siendo tentado y, después, victorioso? ¿O a Jesús en el huerto de Getsemaní, sufriendo pero resistiendo? ¿O a Jesús en la sinagoga, cuando lo malinterpretaron pero Él no retrocedió? ¿O a Jesús siendo vilipendiado, pero decidiendo no devolver mal por mal? ¿O a Jesús traicionado, cansado, con un enojo justificado, tratado injustamente, abandonado, abusado, varón de dolores, pero aun así, lleno de gozo?

Permíteme volver a enmarcar la imagen. Guardamos las mismas características pero reconfiguramos los puntos de la trama. Dios está ahí, en el trono, y a Su diestra, está sentado el Hijo. Plenamente consciente de cada debilidad y del peso que cada pecado conlleva, el Hijo no se regodea en los fracasos de la iglesia. Porque Satanás es el acusador de los hermanos (Apoc. 12:10), pero

Jesús es su intercesor (Heb. 7:25). Resucitado de los muertos, en el mismo cuerpo, tanto carne como deidad, Cristo, como Sumo Sacerdote, te ve, y en vez de condenarte, te ofrece misericordia. Por eso el escritor de Hebreos *empieza* diciendo: «Porque no tenemos un Sumo Sacerdote que no pueda compadecerse de nuestras flaquezas, sino Uno que ha sido tentado en todo como nosotros, pero sin pecado», *antes* de decir: «Por tanto, acerquémonos con confianza al trono de la gracia para que recibamos misericordia, y hallemos gracia para la ayuda oportuna» (Heb. 4:15-16). La empatía precede a la misericordia. La compasión va de la mano con la gracia.

DÍA | 13

Y David añadió: «El Señor, que me ha librado de las garras del león y de las garras del oso, me librará de la mano de este filisteo»... 1 SAMUEL 17:37

**DAVID SE REFIERE A** su éxito anterior a la hora de vencer a bestias salvajes como la razón por la cual está seguro de que puede vencer a Goliat. David tiene un currículum vitae, por así decirlo, y ahí aparece una vez en que mató a un león. Otra vez, mató a un oso. Su declaración puede parecer jactanciosa. Tal vez parezca que David tiene tanta seguridad en sus experiencias pasadas con las bestias que da por sentado que será fácil derrotar a Goliat. Sin embargo, David no le entrega a Saúl su currículum para que confíe en él. David se lo da como evidencia de por qué puede confiar en *Dios* para que pelee a través de David. Observa esta lógica: *el Señor* es quien me libró en ese entonces, y me volverá a librar ahora. Aunque el nombre de David está en el encabezado de su currículum, Dios es el que hizo todo el trabajo.

Hablando de trabajo, estamos en una era súper ambiciosa. Tal vez no andemos matando leones, tigres y osos por ahí, pero nos matamos. Es interesante que, aunque la productividad está en un máximo histórico, también lo está la ansiedad, que es otra forma de temor. Creo que parte del aumento colectivo en la ansiedad en nuestra era actual se debe a que nos hemos vuelto increíblemente eficientes a la hora de completar miles de tareas a la vez. Estamos criando hijos mientras estudiamos, comemos sándwiches de carne de cerdo desmenuzada y jaca, escuchamos pódcasts y nos exfoliamos los poros... todo mientras intentamos servir en la iglesia, leer la Biblia y resistir al mundo, la carne y al diablo. Estamos trabajando duro, y hemos producido mucho como prueba.

*Sin embargo.* Cuando miramos nuestros currículums y nos vemos a nosotros mismos y todo lo que hemos logrado en lugar de la gracia de Dios, entonces, cuando algo no sale como planeábamos o funciona como esperábamos, cuando las estrategias que siempre funcionaron fracasan, lidiamos con la ansiedad intentando ser más productivos, en lugar de volvernos más humildes. Elaboramos estrategias antes que orar. Trabajamos en vez de descansar. Incluso dejamos afuera el descanso por completo. Todo porque, cuando sabes que sabes hacer las cosas, empiezas a creer que eres el denominador común en todas las victorias. Empiezas a pensar que no es *el Señor* el que te libró la última vez y el que te librará esta también, sino tú.

¿Y si nuestro temor, nuestra angustia y nuestro estrés son consecuencia de que hayamos transformado en un ídolo a nuestra capacidad de producir? Imagina si David escuchara a Goliat fanfarronear y recordara, con razón, que ya había luchado contra cosas más grandes que él, pero olvidara vincular esa victoria con

Dios... David habría caminado en el mismo orgullo que Goliat. ¿Y cómo responde Dios a los orgullosos? La Biblia dice que los resiste. David no iba a vencer a un gigante con su ego. Y tú tampoco puedes. La única manera en que vencería era si Dios peleaba por él.

DÍA | 14

Los que confían en ídolos vanos su propia
misericordia abandonan. JONÁS 2:8

**RENDICIÓN ES UNA PALABRA** temible. Si te pareces a mí, tu corazón se mueve cada vez que la escuchas, porque eres consciente de todo lo que hay en ti o en tu vida que tal vez tenga que desaparecer, que salir o ser arrojado al cielo y entregado a Dios. Sin embargo, *rendición* no es una palabra nueva. O, debería decir, un concepto nuevo.

En Génesis, tenemos a dos personas, Adán y Eva, que habían sido hechas a imagen de Dios y, por lo tanto, para Su gloria, pero en virtud de su perfección, vivían en un estado continuo de rendición. Sus cuerpos y sus vidas eran siempre *de Él*. Y con «Él», me refiero a Dios. Ellos vivían para Él.

Hasta que, por supuesto, apareció la serpiente. No obstante, el diablo no intentó borrar el concepto de la rendición. No les dijo que no debían rendirse para nada. Lo único que hizo fue ponerlos en la posición de rendirse a algo o a alguien que no fuera Dios. Una posición en la cual sus cuerpos y sus vidas se entregaron a la gloria de algo creado en vez del Creador. Mediante la tentación y el engaño, ellos estuvieron dispuestos a sacrificar todo su ser en el altar de otro porque dejaron de creer que Dios era el único digno.

Nosotros traemos el mismo razonamiento. Por eso nos asusta la rendición, porque pensamos que, si rendimos aquello que Dios nos pide que le entreguemos —si le damos eso que significa tanto para nosotros, si decidimos dejar de inclinarnos al pie de los ídolos hechos por nuestras propias manos y nos ponemos de pie—, nos faltará algo. Creemos que rendirnos a Dios implica renunciar a nuestra alegría, y qué mentira tan antigua es esta. La mentira es que, una vez que mis manos estén abiertas y vacías, Dios no será lo suficientemente grande o bueno como para volver a llenarlas. Nuestro temor a la rendición es en realidad nuestra convicción de que Dios no es mejor que todo lo que nos pide que le entreguemos. Si crees que Dios es todo, estarás dispuesto a entregarle lo que sea.

Es curioso que Jesús ya estuvo ahí e hizo eso mismo. No considerando el ser igual a Dios como algo a qué aferrarse, se vació a sí mismo porque el Padre era todo para Él. Vuelve a pensar en esto. Jesús, Dios del cielo, Señor de todo, se hizo siervo porque el Padre era todo para Él. El Rey invisible nació en semejanza a los hombres, porque Dios era todo para Él. Y después, el Señor de la gloria se encontró en forma humana y se hizo obediente hasta la muerte, porque Dios era todo para Él. Luego de todo esto, el Padre «lo exaltó hasta lo sumo, y le confirió el nombre que es sobre todo nombre, para que al nombre de Jesús se doble toda rodilla de los que están en el cielo, y en la tierra, y debajo de la tierra, y toda lengua confiese que Jesucristo es Señor, para gloria de Dios Padre» (Fil. 2:9-11).

El punto es este: no hay nada en tus manos que Dios no vaya a reemplazar con más de Él. Así que suéltalo. Mándalo a volar. Préndele fuego. Dios siempre es mejor. Tal vez duela. Quizás sea horrible. Puede que lo extrañes. Tal vez tengas que sacrificar algunas cosas. Confesar otras cosas. Pero, del otro lado de la rendición, está Dios. Y no sé tú, pero yo preferiría tenerlo a Él más que a nada, porque es mejor que todo lo demás.

DÍA | 15

> Muerte y vida están en poder de la lengua, y los que la
> aman comerán su fruto. PROVERBIOS 18:21

**HAY UN MUSEO DE** espadas en la Escritura. Una que atraviesa las coyunturas y los tuétanos, carne y sangre, de manera particular, es la siguiente: «También la lengua es un fuego, un mundo de iniquidad [...] Con ella bendecimos a nuestro Señor y Padre, y con ella maldecimos a los hombres, que han sido hechos a la imagen de Dios. De la misma boca proceden bendición y maldición. Hermanos míos, esto no debe ser así» (Sant. 3:6, 9-10). Al romperse la carne, la sangre probó el dolor. El cuerpo sintió el cuchillo, y el corazón se dolió con su sonido. La contradicción es ruidosa, ¿no?

Según Santiago, inspirado por el Espíritu, la manera en la que hablamos a las personas y sobre las personas cuenta una historia. Si entendemos que todos, amigos y enemigos, vecinos y fastidios, son hechos a imagen de Dios, las palabras que digamos deberían estar templadas por esa verdad. Cada persona con la cual conversaremos, ya sea pecadora o santa, lleva la imagen de Dios; y por esa razón, cada persona es digna de honor.

O, como lo expresó C. S. Lewis:

> Hasta la persona más gris y aburrida con la que hablas puede ser algún día una criatura a la que, si hoy fueras consciente de ello, estarías fuertemente tentado de adorar; o puede ser un horror y una corrupción tales que ahora solo te enfrentas a ellas si acaso en tus pesadillas [...] No hay gente *corriente*. Nunca estás hablando con un simple mortal [... Aquellos] con quienes bromeamos, trabajamos y nos casamos, a quienes desdeñamos y explotamos, son inmortales: inmortales horrores o resplandores eternos.[4]

Para reiterar el pensamiento, si Dios hizo a todos, entonces todos son especiales. No solo importa la naturaleza de nuestro prójimo, en lo que concierne a nuestras palabras, sino que nuestras palabras revelan la integridad de nuestro ser interior. O, más bien, la desintegración entre ambas cosas, cuando nuestras palabras demuestran una combinación evidente de bendición y maldición que salen de la misma boca. Santiago nos llama la atención a esta contradicción, al explicar que el fruto de una planta debería corresponderse con la naturaleza de la planta:

> ¿Acaso una fuente echa agua dulce y amarga por la misma abertura? ¿Acaso, hermanos míos, puede una higuera producir aceitunas, o una vid higos? Tampoco la fuente de agua salada puede producir agua dulce (Sant. 3:11-12).

Alguien podría intentar resolver el problema de la lengua sencillamente al negarse a hablar, pero el silencio no regenera ni santifica. Para domar la lengua, tenemos que lidiar con lo que somos. «De la abundancia del corazón habla la boca» (Mat. 6:45). Al lidiar no solo con las palabras que decimos sino también con el corazón que determina el discurso, podemos avanzar hacia la unidad de nuestras palabras y nuestra adoración.

DÍA | 16

No se dejen engañar: «Las malas compañías corrompen las buenas costumbres». 1 CORINTIOS 15:33

**EN EL SALMO 1,** el salmista pronuncia bendiciones sobre aquellos que tienen cuidado al caminar, sentarse y pararse, asegurándose de no compartir nada de esto con los malignos y pecaminosos. Tal vez nos distraigan los verbos e intentemos encontrar alguna revelación entre las letras. Pero, en realidad, es tan sencillo como parece: «¡Cuán bienaventurado es el hombre que no anda en el consejo de los impíos, ni se detiene en el camino de los pecadores, ni se sienta en la silla de los escarnecedores!» (Sal. 1:1).

Esto quiere decir: bienaventurada es la mujer que se niega a escuchar a las amigas que aman más la tierra que el Reino de arriba. Esas amigas que son un coro de oscuridad. Que se roban las frases de Satanás y las llaman «consejos».

Esto quiere decir: bienaventurado es el hombre que no pisa ciertos suelos. Ya ha visto la clase de árboles que brotan de allí. Estériles, pero familiares. Ya ha sido uno de ellos, una rama sin raíces. Un hombre sin gozo. Portador de una gran boca y un alma sedienta, en pos de las hijas de los hombres como un fantasma hambriento. Ya ha transitado ese camino y no encontró a Dios al final.

Esto quiere decir: bienaventurada es la mujer a la cual no le interesa beber café helado con burlones mofadores. Es una perversión para el intelecto, ¿sabías? Tomar lo que Dios ha revelado y usar la mente que Él ha otorgado, con el corazón que Adán determinó, y usar la boca para llamar a Dios cualquier cosa menos que Señor.

Los burlones mofadores hacen fiestas, escriben libros, llevan adelante salones de clase, participan de debates, con la duda atascada en la garganta. Se burlan de Jesús y de aquellos que lo aman. Aquel que blasfema no tiene perdón. En cambio, aquel que cree es bienaventurado.

En respuesta, el salmista no sugiere un mejor grupo con el cual pasar el tiempo como alternativa (lo cual sería sabio, por supuesto), sino que, más bien, dice: «Sino que en la ley del Señor está su deleite, y en Su ley medita de día y de noche» (Sal. 1:2). Lo que hacemos y decimos durante el día puede funcionar como una forma de meditación. Si estamos todo el día surfeando por las redes sociales, observando a ciertas personas que no conocen o no aman a Dios, si participamos constantemente en un grupo de amigos mundanos o nos damos un atracón de ciertas series que sabemos que exaltan un estilo de vida impío, el camino de los pecadores y la silla de los escarnecedores, entonces, naturalmente, nuestra vida se verá formada por eso. Pensaremos igual que ellos. Caminaremos como caminan. Nos sentaremos donde se sientan. Decidir en contra de todo eso es sin duda un acto de disciplina, pero tal disciplina solo se puede sostener con un corazón que se *goza* en lo que elige. Meditar en la Ley de Dios de día y de noche es una consecuencia santa de primero deleitarse en ella. La Palabra de Dios ofrece caminos que llevan a la vida. Formas de ser que promueven la paz. Y lugares para sentarse donde Jesús el Señor es una canción bienvenida.

DÍA | 17

Porque ¿busco ahora el favor de los hombres o el de Dios? ¿O me esfuerzo por agradar a los hombres? Si yo todavía estuviera tratando de agradar a los hombres, no sería siervo de Cristo. GÁLATAS 1:10

**LA HUMILDAD ME PRODUCE** curiosidad. Es una manera extraña de ser para todos menos para Dios. Por más gigante que haya sido la vida de Jesús, Él fue pequeño en ella. O, para expresarlo de otra manera, en los Evangelios, ves al Creador de todo minimizándose a sí mismo de forma voluntaria, al punto de que a veces es imperceptible.

Tomemos el primer milagro, por ejemplo. Hay una boda. Jesús está ahí con los discípulos. Su madre también. Se sirve el vino, se bebe y se acaba. María le pide ayuda a Jesús, y Él ayuda, pero no de la manera que todos esperarían. Los siervos llenan las vasijas con agua, como Jesús ordenó. Después, se les dice que le lleven un poco al mayordomo de la fiesta. Este prueba el agua, que ahora es vino, y exclama que es mejor que el anterior. Pero ¿alguna vez notaste a quién se elogia, y que no se trata de Jesús? El mayordomo no tiene idea de que acaba de beber un milagro. La mayoría de la gente en la fiesta tampoco. Hasta donde ellos saben, el novio está siendo un excelente anfitrión. Todo lo bueno que bebieron brotó de ellos hacia alguien que no lo merecía. Mientras tanto, el que había creado el vino y el mundo se quedó allí, completamente contento con no revelar Su gloria, sino tan solo dársela a alguien que no merecía el mérito.

¿Cuándo fue la última vez que hiciste algo bueno sin esperar o sugerir que alguien lo notara? Cuando ofrendaste, serviste, oraste, ayunaste, estudiaste, te regocijaste, enseñaste, moriste a algo, limpiaste, cocinaste, te esforzaste, organizaste, arrancaste, cortaste o construiste algo, ¿esperabas un desfile? Y cuando no llegó, ¿cómo te sentiste? ¿Amargado? ¿Desanimado? ¿Ambas cosas, quizás? ¿Podría ser que esa expectativa provenga de un orgullo invisible? La clase que nos deja insatisfechos por la mirada de Dios. La clase que nos transforma en el protagonista de Juan 12:43: «Porque amaban más el reconocimiento de los hombres que el reconocimiento de Dios».

Si realmente nos tomamos el tiempo para arrancarla de raíz y examinarla, ¿cuánto de nuestra «bondad» crece del suelo de una necesidad insaciable de ser amados y valorados por las personas que no nos crearon? Sus elogios son inmediatos y los sentimos, mientras que la realidad de que Dios sea glorificado en nosotros es un acto de fe en lo que Él dijo y dirá.

Lee las palabras de Jesús y créelas: «Cuídense de no practicar su justicia delante de los hombres para ser vistos por ellos; de otra manera no tendrán recompensa de su Padre que está en los cielos. Por eso, cuando des limosna, no toques trompeta delante de ti, como hacen los hipócritas en las sinagogas y en las calles, para ser alabados por los hombres. En verdad les digo que ya han recibido su recompensa.

Pero tú, cuando des limosna, que no sepa tu mano izquierda lo que hace tu derecha, para que tu limosna sea en secreto; y tu Padre, que ve en lo secreto, te recompensará» (Mat. 6:1-4).

Amado, Jesús nos manda a hacer lo que Él hace. Transforma el agua en vino, déjalos que beban, observa cómo se regocijan y, si tu nombre queda afuera de sus alabanzas, está bien. Te espera una alabanza mayor.

DÍA | 18

Lo provocaron con sus lugares altos, y despertaron Sus celos con sus imágenes talladas. SALMO 78:58

**PRIMERA PREGUNTA: ¿RECONOCEMOS A** un ídolo cuando lo vemos? Pablo sí lo reconocía. «Mientras Pablo los esperaba en Atenas, su espíritu se enardecía dentro de él al contemplar la ciudad llena de ídolos» (Hech. 17:16). Lo que Pablo veía como ídolos, nosotros entramos a un museo y lo llamamos «arte», algo que podría ser una metáfora contemporánea en este sentido. Constantemente, estamos discerniendo las descripciones adecuadas de las cosas. Vemos si llamarlas arte o ídolo, una familia o un dios, un trabajo o un señor, dinero o amo. Aarón hizo un *becerro de oro*. Arte. Ellos lo llamaron *dios*. Idolatría. Y la forma de determinar si algo es lo uno o lo otro es prestar atención a la manera en que las personas lo tratan.

Los atenienses llamaban *dioses* a sus dioses y los trataban como tales. Nosotros les damos nombres comunes a las cosas que adoramos, y entonces nos percibimos como menos idólatras que los antiguos. Puedes ir al este de Estados Unidos y encontrar miles de dioses en un solo paseo en tren. Puedes viajar al oeste, donde está el trono de Hollywood, elevado en alto, y ver a los hermosos. Necesitas discernimiento para entender que «bonito» es el señor entre ellos. Si te diriges al sur, tal vez creas que estás en el país de Dios. Cuando, en realidad, el país es dios.

Ya sea que vayas a la derecha o a la izquierda, todas las ciudades están llenas de ídolos. Pero, *pero,* aun si esto es cierto, otra pregunta es: ¿Te importa? El espíritu de Pablo se «enardecía» (Hech. 17:16). Se agitó. Se conmovió. Una cosa es reconocer el mal cuando lo ves, y otra muy distinta es tener un espíritu que se enardezca en respuesta. Moisés vio al ídolo conocido como becerro de oro y «se encendió la ira de Moisés, arrojó las tablas de sus manos, y las hizo pedazos al pie del monte» (Ex. 32:19). Cuando Jesús vio a hombres con corazones como ciudades, llenos de ídolos, miró «con enojo a los que lo rodeaban, y entristecido por la dureza de sus corazones» (Mar. 3:5). Diría que la provocación piadosa es un subproducto de una visión correcta de Dios y del hombre que imprime sobre el corazón tanto dolor como enojo, tanto lamento como compasión.

Última pregunta. Cuando Pablo aborda la idolatría que observa (lo cual quiere decir que la provocación debería motivar la instrucción), ¿cómo lo hace? Levanta la naturaleza de Dios. «Porque mientras pasaba y observaba los objetos de su adoración, hallé también un altar con esta inscripción: "AL DIOS DESCONOCIDO". Pues lo que ustedes adoran sin conocer, eso les anuncio yo. El Dios que hizo el mundo y todo lo que en él hay, puesto que es Señor del cielo y de la tierra, no mora en templos hechos por manos de hombres, ni es servido por manos humanas, como si necesitara de algo» (Hech. 17:23-25). Esto enmarca para los idólatras la ilegitimidad de sus objetos de adoración, y de los nuestros. Y Pablo deja en claro cuál es la naturaleza del hombre: «En Él vivimos, nos movemos y existimos» (v. 28). Lo cual plantea toda nuestra existencia como completamente dependiente de Dios, que es Señor del cielo y de la tierra. Por lo tanto, el sustento que creíamos que proporcionaba el ídolo en realidad venía solamente de mano de Dios. Y, por último, Pablo aborda el propósito del Creador para el hombre: «De uno solo, Dios hizo todas las naciones del mundo para que habitaran sobre toda la superficie de la tierra, habiendo determinado sus tiempos y las fronteras de los lugares donde viven, para que buscaran a Dios, y de alguna manera, palpando, lo hallen» (vv. 26-27). Entonces, nuestra razón de haber sido creados y puestos donde estamos, del este al oeste, es que encontremos a Dios. Cuando lo encontremos, lo sabremos cuando lo veamos.

DÍA | 19

Entonces el Señor envió a Natán a David...

2 SAMUEL 12:1

**TODOS NECESITAN UN NATÁN.** Alguien enviado con amor valiente y palabras sabias para el beneficio de nuestra fe. ¿De qué otra manera se habría visto David a sí mismo?

Todos conocemos la historia de 2 Samuel 12, ¿no? David caminaba por su terraza; mira hacia abajo y ve a Betsabé, y la manda a llamar. Cuando se enteró de la semilla que había plantado, maquinó para cubrir el pecado. Una falsa expiación. Decidió asesinar a Urías, el esposo de Betsabé, y lo logró. Betsabé dio a luz al niño, y en ningún momento, David confesó. Entre la convocación y el nacimiento, había pasado casi un año. La ceguera envejece con nosotros, a menos que Dios envíe a alguien que nos ayude a volver a ver. Como Pedro, que negó a Jesús tres veces y no se lamentó hasta que cantó el gallo.

Natán viene y le cuenta a David la historia de un hombre rico con muchos rebaños, y un hombre pobre con una sola corderita. El rico recibe una visita y, en vez de practicar la hospitalidad con su propia abundancia, toma a la única corderita que tiene el pobre. David escucha la historia y se pone furioso. Estos sentimientos podrían percibirse como un enojo justo. Si fuera un predicador, tal vez pensarías que su pasión era símbolo de su pureza, pero en alguna habitación, estaba la mujer que él se había robado. En alguna tumba, estaba el pobre hombre al cual se la había robado.

Sus pecados eran reales y evidentes, pero las convicciones de David estaban apuntadas a una maldad imaginaria. En respuesta a la historia, David dice: «Vive el Señor, que ciertamente el hombre que hizo esto merece morir» (2 Sam. 12:5). David discernió lo que debía hacerse con aquel hombre, pero no entendió que se trataba de él. «Entonces Natán dijo a David: "Tú eres aquel hombre"» (v. 7).

Todos necesitan un Natán. Sin uno, dos y muchos, discerniremos la verdad hasta cierto punto. Tendremos alguna magra perspicacia para percibir la justicia, la rectitud y la verdad, y cómo deberían expresarse y no expresarse. Sin embargo, articular lo que es *justo* no es ninguna evidencia de una justicia presente. Ni siquiera podemos discernirlo si solo nos miramos como confirmación sobre nosotros mismos. Es más que posible ser acertados y justos sobre nuestro juicio respecto a otros hombres, mientras que somos ignorantes de cómo los reflejamos.

Todos necesitan un Natán. Alguien que nos ame lo suficiente como para decirnos la verdad. Que vea la viga cuando pestañeamos y haga la cuidadosa obra de ayudarnos a quitarla.

Todos necesitan un Natán. Alguien a quien Dios haya enviado como misericordioso misionero. El salmista declaró: «Que el justo me hiera con bondad y me reprenda; es aceite sobre la cabeza; no lo rechace mi cabeza» (Sal. 141:5).

Todos necesitan un Natán.

DÍA | 20

> Cuando la mujer vio que el árbol [...] era agradable a los ojos, [...] tomó de su fruto y comió... GÉNESIS 3:6

**LA MAGIA DE LA** belleza es cómo te atrae hacia sí. Siempre que la encontramos en algo, queremos que dure. Que se quede, en general, con nosotros.

La invención de un teléfono que también funciona como cámara sacó a la superficie nuestro amor por la belleza. ¿De qué manera, muchos de nosotros, cuando estamos sentados a la mesa, muertos de hambre, hacemos un ayuno momentáneo tan solo para fotografiar nuestro plato? No solo queremos recordar lo que vimos, incluso antes de probarlo, sino que también deseamos compartirlo. ¿Qué sentido tiene la belleza si no podemos contarle a alguien al respecto? «¿No viste su bebé, amiga? ¡Es un bombón!». «Hermano, esos zapatos son un fuego, ¿no?». «Mami, ¡mira! ¡Un arcoíris!». Con razón Eva comió del fruto y de inmediato se lo dio a su esposo.

El problema con la belleza nunca es lo que es bello en sí. Así como sucedió con el fruto que Eva pensó que estaba para morirse, el problema somos *nosotros*. Dios, el más hermoso, nos ha regalado color, comida, música, amigos, sonrisas, lenguaje y extensiones de Su belleza inherente. «Toda buena dádiva y todo don perfecto viene de lo alto» (Sant. 1:17). Entonces, como tenemos un corazón al cual Jeremías llamó «más engañoso que todo», nuestro problema no necesariamente es que no podamos discernir la belleza, sino que somos tan cortos de vista que no podemos reconocer la belleza trascendente a la cual todas nuestras atracciones terrenales deben *llevarnos*. O, como lo expresa Hannah Anderson: «Las cosas bellas nos llevan más allá de ellas, a una realidad más grande que cualquiera de nosotros».[5]

La risa es hermosa, ¿cierto? Nos proponemos crear espacio para ella y construimos relaciones alrededor de ella. Experimentarla es un espectáculo. La boca se abre, las lágrimas caen, las manos tal vez se agitan, se nos escapan toda clase de sonidos incoherentes y cada expresión es tan solo gozo que entra al cuerpo. Es hermoso. Pero esta belleza tiene una fuente que existe más allá de la risa en sí. La intimidad también es hermosa, ¿no? Cuando las manos se unen, los cuerpos se abrazan, una frente recibe un beso, un amigo llega y nos escucha con atención. Es hermoso ser conocido y aun así, amado. Todo el mundo persigue esto, pero de una manera desproporcionada. Prefiere la sombra antes que la sustancia.

¿Cuántas canciones, películas y adicciones existen porque estamos buscando algo hermoso y somos completamente ciegos en cuanto a la fuente de esa belleza? ¿Cuántas almas han entrado al infierno porque no creyeron que el Creador era más hermoso que todo lo que hizo? Haríamos bien en rastrear toda belleza a su origen. Todo el gozo a su Hacedor. Toda intimidad a su Creador. El amor de hoy a su fuente.

## DÍA | 21

> Mientras íbamos al lugar de oración, nos salió al encuentro una muchacha esclava que tenía espíritu de adivinación, la cual daba grandes ganancias a sus amos, adivinando. Esta, siguiendo a Pablo y a nosotros, gritaba: «Estos hombres son siervos del Dios Altísimo, quienes les proclaman el camino de salvación». Esto lo hacía por muchos días; pero desagradando esto a Pablo, se volvió y dijo al espíritu: «¡Te ordeno, en el nombre de Jesucristo, que salgas de ella!». Y el espíritu salió en aquel mismo momento. HECHOS 16:16-18

**CUANDO ESTAMOS MOLESTOS CON** la gente que amamos o que nos desagrada profundamente, a menudo discernimos su conducta a través de una lente terrenal. En cierto sentido, deberíamos hacerlo, ya que estamos en la carne (es decir, somos criaturas caídas) y ellos también. Si acaso son celosos, codiciosos, faltos de amor y tienen cualquier otro pecado cometido por todos menos Dios, entonces eso también es un producto de la carne (la naturaleza pecaminosa).

Sin embargo, la Escritura también dice: «Porque nuestra lucha no es contra sangre y carne, sino contra principados, contra potestades, contra los poderes de este mundo de tinieblas, contra las fuerzas espirituales de maldad en las regiones celestes» (Ef. 6:12). Esto significa que una realidad espiritual influye en la conducta de todas las personas que conocemos. En el caso de los que caminan por el Espíritu, su bondad, amabilidad, paciencia y otros buenos frutos son mérito del Espíritu Santo. Para aquellos que viven según la carne, se aplica la palabra de Jesús: «Ustedes son de su padre el diablo y quieren hacer los deseos de su padre» (Juan 8:44).

¿Qué quiero decir? Que, a veces, la conducta horrible de las personas se debe sencillamente a su propia naturaleza carnal como seres humanos, y otras veces, a la influencia directa (o indirecta) del enemigo. Lo que me asombra de Hechos 16 al respecto es que Pablo escuchó la voz de la muchacha pero le habló al espíritu que estaba en ella. No la menospreció *a ella*, sino que condenó claramente a aquello que estaba *detrás* de sus acciones exasperantes. Recordó que, en las personas que lo rodeaban, estaban sucediendo más cosas que lo que podía ver con sus ojos.

Ahora, escúchame. Esto no quiere decir que deberíamos suponer que todos los desacuerdos o interacciones difíciles se deben a una posesión demoníaca. O que el exorcismo es ideal cuando una opción más sabia sería una simple conversación, quitar la viga de nuestro propio ojo o lidiar con nuestra carnalidad. Quiere decir que si la realidad es más que carne y sangre, entonces deberíamos orar más de lo que oramos, apoyarnos en el Espíritu más de lo que nos hemos apoyado, y mostrar más gracia a todos de lo que quisiéramos. Aun cuando las personas nos tratan mal o nos irritan más de lo que podemos expresar. Porque, aun si son un enemigo, no son *el enemigo*.

DÍA | 22

Estoy convencido precisamente de esto: que el que comenzó en ustedes la buena obra, la perfeccionará hasta el día de Cristo Jesús. FILIPENSES 1:6

**EL DESÁNIMO ES UNA** experiencia típica para la mayoría de los creyentes. En especial, aquellos con algún tipo de conciencia de sí mismos. Leemos las Escrituras, vemos al Hijo y no nos vemos a nosotros. Cuando Pablo dice cosas como: «Sean imitadores de mí, como también yo lo soy de Cristo» (1 Cor. 11:1), nos reímos nerviosamente, con inseguridad. Cada mañana, hay nuevas misericordias y nosotros somos iguales, o al menos, eso pensamos. Nuestras debilidades y poco crecimiento siempre están delante de nosotros, como un recordatorio de cuánto nos falta para parecernos a Jesús.

Dios sabe esto sobre nosotros, que lo necesitamos para parecernos a Él. Así que, en respuesta a nuestra necesidad, poda las ramas. Una prueba aquí. Algo de sufrimiento allá. De esa manera, podemos ser refinados por el fuego y santificados gracias a eso. Lo que a menudo no consideramos es cómo es nuestra respuesta a las pruebas ahora, y la diferencia que hay con nuestras respuestas (o nuestra falta de respuesta) en el pasado. Charles Spurgeon dijo:

El Señor sabe cómo educarte al punto de que puedas soportar en los años venideros lo que hoy no podrías soportar; así como hoy puede hacerte estar firme bajo una carga que, diez años atrás, te habría aplastado hasta hacerte polvo.[6]

Cuando el Señor le mandó a Abraham que sacrificara a Isaac, fue una prueba, lo cual sabemos. Sin embargo, no fue la primera prueba de Abraham. ¿Recuerdas qué le mandó Dios a Abraham que hiciera cuando lo llamó en Génesis 12? Le dijo que dejara su país, su familia y su hogar, y fuera donde Él le indicaba. Por lo tanto, Abraham estaba acostumbrado a que Dios le dijera que sacrificara algo que amaba. No es ninguna sorpresa que el texto no mencione que Abraham se resistió a la voluntad de Dios, como Jonás. Con Su cuidado providencial de Abraham, Dios había preparado su fe para que, a medida que cada prueba aumentara en intensidad, también aumentara la resistencia de Abraham. Cada oportunidad de resistir mejoraba su resiliencia, y sabemos que «la resistencia desarrolla firmeza de carácter» (Rom. 5:4, NTV).

Así que, en medio de la próxima prueba, presta atención a tu respuesta. ¿Cómo está tu fe durante la prueba, tu gozo en medio de ella y tu determinación debido a ella? Estoy segura de que no serán tan perfectos como los de Cristo, pero ¿son acaso mejores que antes? ¿Te están llevando más cerca de Cristo que la última vez? Si así es, cobra ánimo. Dios está cumpliendo Su obra en ti. Mañana a mañana y día a día, las misericordias no son lo único nuevo a lo que estás despertando. Tú también estás siendo renovado.

# DÍA | 23

> Oh Señor, tú me has escudriñado y conocido. Tú conoces mi sentarme y mi levantarme; desde lejos comprendes mis pensamientos. Tú escudriñas mi senda y mi descanso, y conoces bien todos mis caminos. Aun antes de que haya palabra en mi boca, oh Señor, Tú ya la sabes toda. SALMO 139:1-4

**DEPENDIENDO DE QUIÉN SEAS,** o debería decir, dependiendo de cómo vivas, el dicho «Dios conoce mi corazón» puede tener distintos efectos. Están los que usan la frase como una justificación para una conducta ilegal, suponiendo que Dios ve sus intenciones puras incluso cuando el comportamiento sea claramente impuro. Es una manera de adormecer la conciencia y endurecer el corazón. Algo sumamente irónico, porque Cristo ofrece Su sangre para limpiar la conciencia y ablandar el corazón.

Hay otros en quienes esta frase genera un espíritu de temor. Sencillamente, porque también conocen su corazón. Si fuera una casa, conocen el diseño de cada habitación y cómo no se parece en nada al cielo. Examinarte a ti mismo tiene sus beneficios, pero también viene con la tentación del autodesprecio. Ver el pecado en ti puede generar mucha vergüenza, así que imagina que el Santo te vea y vea tu corazón con una claridad trascendente. O te escondes de Su mirada con autocondenación o a través del autoengaño.

Vuelve a leer el pasaje de hoy. ¿Cómo te hace sentir? ¿Inseguro? ¿A salvo? ¿Expuesto? ¿Tal vez todas estas cosas a la vez, en distintos grados? El proyecto de nuestra vida cotidiana implica proyectar versiones de nosotros mismos a modo de protección. Hemos creado distintas formas de ser un escudo que nos proteja de que los demás nos vean tal cual somos. No queremos que los demás sepan quiénes somos en realidad. Lo débiles e insuficientes que nos sentimos. Lo ridículos o tontos que podemos volvernos cuando el gozo nos quita la máscara. Ser parte de ciertas instituciones religiosas nos ayuda a escondernos a plena vista. Según cuál sea el don espiritual que te ha sido dado, puede funcionar como una forma de edificar al cuerpo y como un edificio para protegerte de él. Predica, canta, lidera, organiza, exhorta u ora lo suficientemente bien, y los demás tal vez crean que eres un ángel disfrazado. Cuando, en realidad, eres tan solo un ser humano con miedo de ser libre.

A la larga, escondernos de la verdad de nuestro pecado y de nosotros mismos no nos hace ningún bien a nosotros ni a nuestro prójimo. El Señor, que conoce cada frase antes de que la digamos y cada acción antes de que la hagamos, es el mismo Señor que «[formó tus] entrañas» y te hizo «en el seno de [tu] madre» (Sal. 139:13). Te conoce íntimamente y, aun así, te ama. La profundidad con la cual Dios te ve te ofrece seguridad para cuando nadie más te ve. Mientras te escondes, permaneces desconocido, pero sigues siendo muy conocido por Dios. Cuando quieras esconderte, recuerda a Cristo, que cubre tu vergüenza para que no tengas que esconderte de ella. Cuando quieras ser algo que no eres, trae a tu mente que fuiste «asombrosa y maravillosamente [...] hecho» (v. 14). Sí, el Señor conoce tu corazón y todo lo que eres, pero conocer *Su* corazón te liberará para ser tú mismo y para ser de Él.

DÍA | 24

> Aunque pase por el valle de sombra de muerte, no temeré mal alguno, porque Tú estás conmigo; Tu vara y Tu cayado me infunden aliento. [...] Ciertamente el bien y la misericordia me seguirán todos los días de mi vida, y en la casa del Señor moraré por largos días. SALMOS 23:4, 6

**CUANDO DAVID DICE: «NO** temeré mal alguno», ¿qué te viene a la mente? ¿Acaso la palabra *mal* se destaca y levanta la mano? Esta palabra tiene un sentido extremo para nosotros, ¿no? Como si tan solo debiera representar los extremos de la oscuridad. El diablo, los demonios y todo lo que se relaciona con ellos. Pero cuando vemos el mal sencillamente como el opuesto del bien, entonces la definición se abre.

Con el mal, David se refiere tanto a la maldad como a la adversidad. A la oscuridad y a la injusticia. Al peligro y la depresión. A la perversidad y la traición. David camina por el valle de sombra de muerte consciente del mal, y se rehúsa temerle. Esta es una valentía desconocida para muchos de nosotros, ya que le tememos al mal incluso cuando no hay ninguna sombra. En nuestras amistades, le tememos al mal. Por eso rechazamos la intimidad y cualquier cosa que se le parezca. Tememos al mal de la traición, del juicio, de desilusionar al otro o de que nos desilusione, de entregar amor y que después nos lo quiten.

Cuando la ansiedad se cierne sobre nosotros como una nube de preocupación, esto se debe a que tememos a los posibles males del futuro. Cuando el enojo se instala y nos quita el gozo, esto se debe a que tememos a la falta de retribución inmediata como una forma de mal que solo *nuestro* enojo puede solucionar. La falta de perdón es una expresión de tal temor. La angustia de que, si libero al otro de la ofensa, el ofensor será libre de volver a hacernos mal. Pero la falta de perdón, la venganza y protegerte a ti mismo no te ayudarán a evitar el mal; en cambio, cultivarán el mal en ti. No temer al mal no es una actividad mediante la cual vivimos en un mundo de sueños donde el mal ya no es una posibilidad. Donde hay pecadores, también hay mal.

David rechazó el temor al estar seguro en la presencia y la protección de Dios. No es necesario que temas el mal cuando el Dios siempre bueno camina contigo. Él dice: «Estás conmigo; tu vara y tu cayado me infunden aliento». Algo que nos hace pensar en David, el pastorcito que mató a un gigante con los mismos elementos que usaba para proteger a sus ovejas. Los recursos que el buen Dios usó para protegerte son los mismos recursos que usará para luchar por ti. Muchas de las cosas que tememos se deben a que nuestra convicción sobre quién camina con nosotros es superficial. Necesitamos intimidad y revelación en el conocimiento de Aquel en el cual creemos que *caminamos con Dios*. Y un Dios bueno, además. Somos invitados a creer que

Él es el Señor de los ejércitos y el guerrero del cielo. Que, al estar por nosotros, nadie puede estar contra nosotros.

El valor es un subproducto de la fe. Y la fe no es un sentimiento ni un mero afecto, sino el compromiso de confiar en el *buen Pastor*. Esperar en Él más que en cualquier otra cosa nos abre a la libertad de creer lo mejor sobre nuestra vida. En vez de temer al mal, podemos esperar el bien. Y esperar que *ciertamente,* nos seguirá todos los días de nuestras vidas.

DÍA | 25

... y nosotros somos la casa de Dios si nos armamos de valor y permanecemos confiados en nuestra esperanza en Cristo [...] Por lo tanto, amados hermanos, ¡cuidado! Asegúrense de que ninguno de ustedes tenga un corazón maligno e incrédulo que los aleje del Dios vivo. Adviértanse unos a otros todos los días mientras dure ese «hoy», para que ninguno sea engañado por el pecado y se endurezca contra Dios.

HEBREOS 3:6B, 12-13, NTV

**CUANDO LOS ISRAELITAS ENTRARON** al desierto y vieron que allí no había agua, no se comportaron como acampantes felices. El texto dice que el pueblo discutió con Moisés, diciendo: «¿Por qué nos has hecho subir de Egipto para matarnos de sed a nosotros, a nuestros hijos y a nuestros ganados?» (Ex. 17:3). Intenso, ¿no?

Me pregunto cuán distinta habría sido la historia si hubieran decidido exhortarse unos a otros a ser fieles a Dios. Reimaginemos la historia como una que termina en fe, no en pecado. Digamos que, después de que caminan en el desierto todo el día, terminan acampando en Refidín y, naturalmente, notan que tienen sed. Al mirar alrededor, no ven ningún lago, ríos, pozos, nada. El desierto no tiene ninguna fuente natural de agua. Lo cual podría ser desalentador si creen que su supervivencia depende de su ambiente y no de su Dios, pero como ese no es el caso, deciden repasar la fidelidad de Dios. Hablan sobre cómo hace poco tuvieron sed en el desierto de Sur, que cuando encontraron agua no podían beberla porque era amarga, pero Dios la hizo dulce.

Y después, digamos que, como estos israelitas ya están en modo recuerdo, deciden repasar otra parte de su historia. Recuerdan aquella vez que estaban huyendo de Egipto y llegaron a un cuerpo de agua que no podían atravesar nadando, solo para descubrir que Dios abrió el mar para que pudieran cruzar por tierra seca.

Y, mientras están hablando, digamos que siguen adelante y ahora recuerdan, si no les falla la memoria, que la primera plaga que trajo Dios en medio de ellos en Egipto fue transformar los ríos, los canales y toda fuente de agua en sangre.

Si Israel hubiera hecho esto —si hubieran meditado en cada historia lo suficiente y pensado en la verdad más que en su sed—, habrían tenido la confianza para creer que si Dios podía maldecir el agua, endulzar el agua, dividir el agua, entonces sin duda podía crear agua donde no había. Pero eso no fue lo que sucedió.

Si tan solo los israelitas se hubieran exhortado unos a otros en lo que es verdad, habrían tenido la seguridad que necesitaban para confiar en Dios. Sin embargo, no hubo exhortación, no hubo fe, no hubo ninguna mención de toda la gloria que Dios ya había revelado. Tan solo incredulidad. Por eso el escritor de Hebreos dijo: «Antes, exhórtense los unos a los otros cada día, mientras todavía se dice: "Hoy"; no sea que alguno de ustedes sea endurecido por el engaño del pecado» (3:13). Sin exhortación, somos propensos a permitir que las distintas incomodidades en nuestro cuerpo, mente y ambiente influyan sobre nuestra fe. Pero cuando la exhortación está presente en la boca de un amigo, el cuerpo de un sermón o el coro de una canción de alabanza, nuestro corazón recuerda que Dios es fiel. Y nos resulta tan fácil desalentarnos que necesitamos que nos alienten con la verdad todos los días.

¿Qué pasaría si experimentaras exhortación en el valle y en la cima de la montaña? ¿El domingo por la mañana y el martes por la tarde? Recordarías Sus obras pasadas a tu favor. Y tendrías el valor para confiar en que Dios puede y siempre abrirá caminos donde no los hay.

DÍA | 26

«... trabajen, porque Yo estoy con ustedes», declara el
Señor de los ejércitos. HAGEO 2:4

**QUE DIOS ESTÉ CON** nosotros en el ministerio motiva la misión. Considera cuántas comisiones incluyeron la promesa de la presencia. A Jacob, a Moisés, a Josué, a Jeremías, Dios les dice, en efecto: «Vayan a hacer esto y yo estaré con ustedes». Después, Jesús, en Mateo 28:19-20, comisiona a los discípulos y les manda: «Vayan, pues, y hagan discípulos de todas las naciones [...] enseñándoles a guardar todo lo que les he mandado; y ¡recuerden! Yo estoy con ustedes todos los días».

No creer que Dios está con nosotros en el ministerio nos afecta de muchas maneras. Por un lado, el problema no es criar a una generación lo suficientemente osada como para que vaya a las naciones y haga discípulos —va a ir—, pero, una vez que llega ahí, tiene miedo de enseñar todo lo que Dios mandó. Y lo entiendo, lo entiendo. Nadie quiere ser un marginado, que lo detesten o lo dejen de seguir, que no lo quieran o lo desprecien por su fe. Pero si tu temor a las personas te disuade de ser fiel al texto y a Dios, entonces, en alguna parte en todo eso, no crees que Dios está contigo. Por otro lado, existe una frustración común entre los fieles. Han plantado semillas tan a menudo como pueden, en todo el suelo que han sido llamados a labrar con los dones que han recibido, y la evidencia de su labor se demora. La verdad que hablan es resistida. La exhortación que proveen es rechazada. Mientras tanto, están tan desanimados por la lentitud del fruto en el ministerio que no pueden confiar en la obra invisible que el Espíritu está haciendo de forma invisible. Dios está con aquel que planta, porque sin Él, no hay obra de ministerio que pueda echar raíces. «Así que ni el que planta ni el que riega es algo, sino Dios, que da el crecimiento» (1 Cor. 3:7).

¿Cuántas tentaciones existen porque creemos que en todo lo que hacemos estamos solos? *Dios está contigo.* Y con Dios me refiero al Creador de los cielos y la tierra. El Alfa y el Omega, el principio y el fin. El Supremo. El Rey de gloria. El Juez de toda la tierra. El Dios inmutable y trascendente. El Señor de los ejércitos. Si *ese* Dios está con nosotros, entonces deberíamos ser la gente más confiada del planeta.

¿Entiendes la clase de confianza que tendrías en tu ministerio si creyeras esto? Es la clase de confianza que produce poder. El poder necesario para un ministerio eficaz y duradero que obedece *todos* los componentes de la Gran Comisión. A menudo, oramos por el poder para *hacer* en el ministerio, olvidando que también necesitamos el poder para *perseverar.* Hace falta la misma cantidad de poder para hablar la verdad en amor que para soportar el sufrimiento gracias a eso. La fe en la cercanía de Dios crea la resiliencia necesaria para seguir guiando, amando, ofrendando, evangelizando, sirviendo, orando y predicando.

Amado, recuerda a Pablo, que experimentó el sufrimiento particular del ministerio, como la soledad, pero sabía que, en realidad, no estaba solo. «En mi primera defensa nadie estuvo a mi lado, sino que todos me abandonaron; que no se les tenga en cuenta. Pero el Señor estuvo conmigo y me fortaleció» (2 Tim. 4:16-17). La misma fortaleza está disponible para todos aquellos que han sido comisionados por el Señor Jesús. Mientras vamos, Él está con nosotros.

DÍA | 27

> Seis días después, Jesús tomó con Él a Pedro, a Jacobo y a Juan, y los llevó a ellos solos a un monte alto; y se transfiguró delante de ellos. Sus vestiduras se volvieron resplandecientes, muy blancas, tal como ningún lavandero sobre la tierra las puede blanquear. MARCOS 9:2-3

**EN ESTA MONTAÑA, EN** Marcos 9, el Señor encarnado decidió transfigurarse frente a Juan, Pedro y Jacobo. Entonces, ellos lo vieron tal cual es. Lleno de gloria y de luz. Un color como la lejía, pero no. Algo parecido al blanco, pero no. Un momento indescriptible que se hizo más fantástico cuando Moisés y Elías terminaron apareciendo con Él (v. 4).

Uno esperaría que los discípulos guardaran silencio, conmocionados por lo increíble del momento. Entonces, una voz conocida interrumpió: «Pedro dijo a Jesús: "Rabí, bueno es que estemos aquí; hagamos tres enramadas, una para Ti, otra para Moisés y otra para Elías". Porque él no sabía qué decir, pues estaban aterrados» (Mar. 9:5-6). Ay, Pedro, siempre metiendo frases donde no pertenecen. Esto era típico de Pedro, así que no estoy segura de que a los discípulos los haya sorprendido el comentario. Es el mismo que vio al Señor caminar sobre el agua y pidió hacer lo mismo, y terminó hundiéndose a los tres pasos, en la ola (Mat. 14:22-31). Es el mismo que reprendió a Jesús (Mat. 16:22). El mismo que, un tiempo después, diría que moriría antes de negar a Cristo (Mat. 26:35), y poco después, negó a Cristo (Mat. 26:69-75). La manera de hablar de Pedro era tan salvaje como las aguas sobre las que apenas si caminó.

Desde afuera, probablemente nos sentimos identificados con la consistencia de los fracasos de Pedro. Especialmente, los fracasos que parecen adecuados para su personalidad. El que es introvertido quizás no sea tan impulsivo con sus palabras, pero tiene tentaciones específicas. La forma en la que existimos —es decir, cómo estamos hechos o nuestra personalidad— tiende a influir en la forma de nuestras luchas. El creativo tiene la imaginación para hacer algo de la nada, pero, justamente, para hacer algo de la nada. El pensador puede pensar, pero ¿puede creer también? ¿A cuántos intelectuales conocemos que no permiten que Dios entre en su mente, porque su mente no es lo suficientemente grande como para abarcarlo?

Entonces, entendemos los pecados que surgían de la naturaleza de Pedro. Pero también pueden ser agobiantes. Puede parecer que fracasos particulares son tan específicos a lo que eres que la idea de mejorar parece imposible, a menos que te *vuelvas* diferente. Y es cierto. «Pues como [un hombre] piensa dentro de sí, así es él» (Prov. 23:7). La transformación es difícil, pero no imposible. Solo está fuera del alcance de aquellos que imaginan su propia transfiguración como algo que surge de adentro, en lugar de afuera.

El día de Pentecostés, 120 personas estaban reunidas en un lugar, incluido Pedro. Un sonido del cielo llenó el espacio, aparecieron lenguas de fuego sobre ellos y de cada uno salieron frases del Espíritu en idiomas que no habían aprendido. Mientras hablaban, otros se burlaban de ellos. Cuando nadie hablaba, el impulsivo, increpador y negador Pedro se paró y mostró ser el Pedro audaz, valiente y veraz que Dios le mandó ser. Y el texto dice: «Y Pedro, con muchas otras palabras testificaba solemnemente» (Hech. 2:40). La misma parte de Pedro que lo hacía fracasar fue la que Dios usó.

Nuestra personalidad no es la que impide que demos fruto; nuestro pecado es el culpable. Su naturaleza integral influye en la dureza de nuestra forma de hablar o la intensidad de nuestro ajetreo. Pero cuando, al igual que Pedro, contemplamos la gloria de Jesús y somos llenos del Espíritu de santidad, descubrimos a Dios y nos descubrimos a nosotros mismos. Lo que antes nos condenaba se vuelve útil para la misión. Gracias a Dios porque, en la redención de Cristo, Él limpió y lavó no solo lo que eres, sino quién eres.

## DÍA | 28

> Sara se rió para sus adentros, diciendo: «¿Tendré placer después de haber envejecido, siendo también viejo mi señor?». Y el Señor dijo a Abraham: «¿Por qué se rió Sara, diciendo: "¿Concebiré en verdad siendo yo tan vieja?". ¿Hay algo demasiado difícil para el Señor?». GÉNESIS 18:12-14A

**HACÍA TANTO TIEMPO QUE** el vientre de Sara estaba cerrado que incluso la sugerencia —proveniente del Señor mismo— de que el hijo que Dios había prometido estaba en camino, la hizo reír.

La Palabra de Dios hace afirmaciones que pueden parecernos tan fantásticas que no sabemos si reír o llorar. Afirmaciones de otro mundo, que parece imposible que sean ciertas, y quizás algo alocadas, como: «Y a Aquel que es poderoso para hacer todo mucho más abundantemente de lo que pedimos o entendemos, según el poder que obra en nosotros» (Ef. 3:20). O «Por tanto, ahora no hay condenación para los que están en Cristo Jesús» (Rom. 8:1). Y «Miren cuán gran amor nos ha otorgado el Padre: que seamos llamados hijos de Dios. Y eso somos» (1 Jn. 3:1).

Esos versículos se usan a menudo, se citan de manera habitual y se predican con poder, pero a veces, es difícil encontrar una fe sincera en ellos. Considera lo superficial que son nuestras oraciones y cómo pueden reflejar la incredulidad en la capacidad de Dios de hacer abundantemente más de lo que la mente piensa o lo que la boca ora. ¿Cuántos días permitimos que la vergüenza nos convenza de algo debido a una culpa bien merecida de la cual Cristo ya se encargó? Las promesas sencillas suelen ser las más difíciles de creer.

Esto se debe a que la duda a menudo parece más práctica que creer a Dios. La promesa de Dios de darle un hijo a Sara no era complicada. Le dijo a Abraham: «Ciertamente volveré a ti por este tiempo el año próximo, y Sara tu mujer tendrá un hijo» (Gén. 18:10). Sara había vivido tanto tiempo con un vientre estéril y con la realidad de su vejez que hacía que la posibilidad natural de un embarazo ya no estuviera a su alcance, que había empezado a creer que también estaba fuera del alcance de Dios. Esa es otra característica de la incredulidad, ¿sabías? La proyección. Nos volvemos tan conscientes de nuestra propia incapacidad de cambiar las circunstancias o incluso a nosotros mismos que imaginamos que Dios debe estar igual. Tal vez empieces a suponer que, o Dios tiene una debilidad y no puede hacer lo imposible, o no es bueno y no hará lo imposible por ti. Sin embargo, Dios es tan misericordioso como para hablarnos verdad, especialmente sobre sí mismo. Renueva nuestra mente sobre cómo lo vemos y, con el tiempo, cómo nos vemos.

Lo que le dijo a Abraham nos lo sigue diciendo a nosotros: *¿Hay algo demasiado difícil para el Señor?* Dios no se parece a nadie que hayas conocido o vayas a conocer. No tiene límites. Es el que hizo los cielos y la tierra. Es el que tiene todo poder. Es completamente soberano. Siempre fuerte y nunca cansado. Estoy segura de que hay algo en tu vida a lo cual esta verdad necesite ser aplicada. Tal vez sea la salvación de un miembro de la familia, la restauración de un matrimonio, el rescate de una adicción, la apertura de un vientre infértil, los recursos para adoptar, el poder para perdonar, la capacidad de matar tus pecados favoritos. Sea lo que sea, Dios puede hacerlo. Lo cual no quiere decir que Dios esté obligado a hacer todo lo que le pides. Dios es Dios, y tiene derecho de moverse como y cuando quiera. Pero el desafío es este: creer que Dios es Dios. Lo cual significa que puede responder mis oraciones imposibles, y que el Dios de la imposibilidad puede darme una fe imposible para seguir confiando en Él aun si no lo hace.

¿Hay algo demasiado difícil para el Señor?

DÍA | 29

Sean de espíritu sobrio, estén alerta. Su adversario, el diablo, anda al acecho como león rugiente, buscando a quien devorar. Pero resístanlo firmes en la fe, sabiendo que las mismas experiencias de sufrimiento se van cumpliendo en sus hermanos en todo el mundo. 1 PEDRO 5:8-9

**NO ESTOY DICIENDO QUE** el diablo y los demonios están escondidos detrás de cada roca y en cada rincón, pero sí ponen sus grasosas manos sobre todo lo que pueden agarrar. Que Dios no permita que olvides que tienes un enemigo real que está buscando activamente destruirte y arruinar todo lo que tocas.

Pablo le dijo a la iglesia de Corinto que perdonara a un ofensor, «para que Satanás no tome ventaja sobre nosotros, pues no ignoramos sus planes» (2 Cor. 2:11). La motivación para perdonar era un acto de guerra espiritual. Retener el amor crearía una oportunidad para que la oscuridad se colara entre las grietas. Pablo podía desafiar a la iglesia porque no era ingenuo ni reacio a la realidad de los demonios, y de cómo se aprovechan de todo. Pablo no «ignoraba» los planes de Satanás, pero ¿acaso los ignoras tú? Cuando te ves tentado a codiciar o maldecir, ¿acaso *solo* crees que eso proviene de tu carne, y no de aquel que se aprovecha de la debilidad de tu naturaleza?

El mundo ha estado un tanto cáustico últimamente. Es fácil echarle la culpa a la intensidad de la política y a nuestra inclinación natural hacia el tribalismo, una perversión de la verdadera comunidad, sin recordar también cómo el diablo es un enemigo de la paz. ¿De dónde viene el pensamiento de «Dios no me ama»? Si las mentiras fueran niños, Satanás es el padre de todas (Juan 8:44). Cuando la envidia te llama por tu nombre y los celos te siguen a tu casa, ¿alguna vez consideras su fuente? La Biblia sí: «Pero si tienen celos amargos y ambición personal en su corazón, [...] Esta sabiduría no es la que viene de lo alto, sino que es terrenal, natural, diabólica» (Sant. 3:14-15).

Tal vez, quizás tal vez, nos hemos vuelto tan racionales que hemos terminado siendo irrazonables. Ignorar los planes del diablo es completamente irrazonable, y esta ignorancia es, de hecho, uno de sus planes. Es imposible resistir a un enemigo que olvidas que existe. No lucharás contra un diablo que no crees que es real. Cuando abras las persianas y permitas que entre la luz, verás que la carne y la sangre nunca fueron el enemigo en primer lugar. Hay principados, potestades, «poderes de este mundo de tinieblas», y «fuerzas espirituales de maldad» con un odio concentrado contra el pueblo de Dios (Ef. 6:12). Como criaturas creadas originalmente por Dios, son creativas e inteligentes en la manera en la que tratan contigo.

Cristiano, tu lucha contra el mal es una de resistencia. Si resistes, el diablo huye (Sant. 4:7). El poder para resistir, incluida la motivación, viene por fe. La fe en el mismo Jesús que «habiendo despojado a los poderes y autoridades, hizo de ellos un espectáculo público, triunfando sobre ellos por medio de Él» (Col. 2:15). Tu fe es tu arma contra el enemigo de todo lo bueno. «Sobre todo, tomen el escudo de la fe con el que podrán apagar todos los dardos encendidos del maligno» (Ef. 6:16). Y, sí, resistir al maligno mediante la fe a veces puede parecer como ponerse zapatos que no fueron hechos para tus pies y como una guerra que no tienes la resistencia para ganar. Pero no te preocupes. Este conflicto cósmico no durará para siempre, porque ya viene el Dios de paz. Los zapatos que tienes no te pertenecen, pero vencerás al maligno como si te pertenecieran. «Y el Dios de paz aplastará pronto a Satanás debajo de los pies *de ustedes*» (Rom. 16:20). Amén.

DÍA | 30

> Si hay un menesteroso contigo, uno de tus hermanos, en cualquiera de tus ciudades en la tierra que el Señor tu Dios te da, no endurecerás tu corazón, ni cerrarás tu mano a tu hermano pobre, sino que le abrirás libremente tu mano, y con generosidad le prestarás lo que le haga falta para cubrir sus necesidades. DEUTERONOMIO 15:7-8

**SI EN ALGÚN MOMENTO** detestas que otros te necesiten —personas, hijos, amigos, cónyuges, responsabilidades ministeriales, etc.—, recuerda a Dios. En la tierra, lo fue, y en el cielo, alguien siempre lo necesita. Lo necesitamos «porque en Él vivimos, nos movemos y existimos» (Hech. 17:28). La actividad de nuestros pulmones, nuestras extremidades y nuestra vida depende de Dios. Por más fructíferos que seamos en la misión que tenemos a nuestro cargo, el crecimiento le pertenece a alguien que nos trasciende.

La gracia dada para *hacer* es la misma gracia que te fue provista para ser. Tanto el ser como el llamado abordan una necesidad innata. Jesús lo expresó de esta manera: «separados de Mí nada pueden hacer» (Juan 15:5). Es decir, no es posible hacer *nada* si Jesús no lo hace. Las razones por las que a veces detestamos necesitar algo o que nos necesiten son tan diversas como un cielo otoñal. No sería ninguna sorpresa si, debajo de todo esto, hubiera algún eco adánico. El suelo necesitaba sus manos. Sus manos necesitaban la ayuda de Eva. Después de la caída, siguieron teniendo necesidad, pero su percepción de ellos mismos, del otro y del mundo cambió y, por lo tanto, les faltaba la sabiduría y la pureza para discernir correctamente sus necesidades.

Una consecuencia de esto es el impulso de vivir independientemente el uno del otro, al elegir la autosuficiencia por encima de la comunidad. Decimos cosas como: «No necesito a nadie». Entonces, si alguien te necesita, según cuál sea tu familia de origen, tal vez te sientas inclinado a avergonzarlo por no idolatrar la independencia tanto como tú. Entonces, rechazamos el llamado a cultivar y cuidar cualquier cosa que no sea nosotros mismos. Y Dios nos guarde de que alguien necesite nuestro amor, sacrificio, tiempo o sabiduría. ¿No es acaso como si nuestro hermano Caín resucitara en nosotros y dijera: «¿Soy yo acaso guardián de mi hermano?» (Gén. 4:9).

Lo asombroso sobre el ministerio terrenal de Jesús no es solo Su respuesta a las necesidades constantes de la gente, sino Su disposición interior antes de suplirlas. «Jesús recorría todas las ciudades y aldeas, enseñando en las sinagogas de ellos, proclamando el evangelio del reino y sanando toda enfermedad y toda dolencia. Y viendo las multitudes, *tuvo compasión de ellas*, porque estaban angustiadas y abatidas como ovejas que no tienen pastor» (Mat. 9:35-36, énfasis añadido). La gente *necesitaba* la buena noticia, sanidad de diversas enfermedades y afecciones corporales, y como lo sabía, Jesús la sanaba porque *se interesaba*. Las partes más profundas de Su ser, como el amor de madre por su hijo, movían al Señor a encontrarse con la gente ahí donde estaba.

Así que, parte de abrazar la realidad de que los demás te necesitan, en cualquier espacio donde hayas sido llamado, implica identificar tu propia necesidad de compasión. Una vez que la recibas, entonces podrás darla.

DÍA | 31

... «¿Ves algo?». Y levantando la vista, dijo: «Veo a los hombres, pero los veo como árboles que caminan». Entonces Jesús puso otra vez las manos sobre sus ojos, y él miró fijamente y fue restaurado; y veía todo con claridad. MARCOS 8:23-25

**JUSTO ANTES DE ESTO,** los discípulos habían sido confrontados por Jesús acerca de su falta de percepción. Habían olvidado llevar pan para el viaje, a este lugar, y discutían entre ellos este descuido, en vez de descansar en Aquel que estaba en la barca con ellos. Jesús reconoció que su conducta brotaba de la influencia de la incredulidad (llamada levadura). Testificando sobre sí mismo, les recordó a cuántas personas había alimentado con muy poco, y luego preguntó: «Teniendo ojos, ¿no ven?» (Mar. 8:18).

Irónicamente, cuando el barco llega a destino, traen a un ciego delante de Jesús. Al salir del barco con aquellos que ven pero no ven, Él se encuentra con un hombre para el cual el tema de la vista no es ninguna metáfora. En lo que resulta algo extraño para nuestros sentidos culturales, Jesús coloca saliva en los ojos del hombre y lo toca con Su mano. Luego, al preguntarle si puede ver, el hombre responde que ve a las personas, pero que se parecen a árboles. El texto dice: «Entonces Jesús puso otra vez las manos sobre sus ojos, y él miró fijamente y fue restaurado; y veía todo con claridad» (v. 25). La redundancia de la imposición de manos no se debe a ninguna insuficiencia en Jesús. No olvidemos que por medio de Él todas las cosas fueron hechas, y sin Él, nada de lo que ha sido hecho, fue hecho (Juan 1:1-3).

La doble sanidad no tiene que tentarnos ni atribular nuestro corazón ante la posibilidad de que Jesús no haga todo bien. Esta es una parábola en acción. El hombre ciego representa a los discípulos que tenían ojos pero no podían ver. Habían visto los milagros, escuchado los sermones, observado a la divinidad, y aun así, las personas parecían árboles y Jesús parecía borroso. Su falta de comprensión solo podía superarse por gracia, por la voluntad y la paciencia de Jesús de sanar y sanar otra vez hasta que por fin pudieran *ver*.

La vida tiene un efecto cegador sobre los hijos de Adán. O quizás, una mejor forma de decirlo sea que el orgullo lo tiene. A medida que nos afecta, podemos observar lo que hay en la superficie y pasar por alto por completo lo que hay debajo. Es el principio de «pongan la mira en las cosas de arriba» (Col. 3:2). Siempre hay más para ver, mientras dependas menos de tus propios ojos, de tu intelecto y sabiduría, y más de la gracia de Dios. Si Él no completa la obra, humilla nuestros corazones, revela Su gloria una y otra y otra vez, nos conformaremos con ver árboles en vez de personas. Al mundo en lugar del cielo. Al dinero en vez de a Jehová Jiréh. Las ofensas de nuestro prójimo en lugar de la cruz que las abordó.

Las Escrituras nos presentan la misma pregunta que Jesús le hizo al hombre casi ciego: «¿Ves algo?». Responder a la pregunta que nos hace la Escritura revelará cuán plena u oscurecida está nuestra visión, de manera que, por nuestra confesión, Dios pueda aumentar nuestra profundidad espiritual y nuestra comprensión de Su Hijo. Necesitamos que Jesús ponga Sus manos sobre nosotros una y otra vez, hasta el día en que por fin lo veamos tal como es.

DÍA | 32

... Jesús les dijo: «Los que están sanos no tienen necesidad de médico, sino los que están enfermos; no he venido a llamar a justos, sino a pecadores».

MARCOS 2:17

**¿SABES QUÉ DIFERENCIA HABÍA** entre los pecadores sentados a la mesa y los pecadores señalados con el dedo en la mesa? Dios había venido a salvar a ambos, pero solo un grupo sabía que lo necesitaba.

Permíteme explicar. «Leví le ofreció un gran banquete en su casa, y había un grupo grande de recaudadores de impuestos y de otros que estaban sentados a la mesa con ellos. Y los fariseos y sus escribas se quejaban a los discípulos de Jesús, diciendo: "¿Por qué comen y beben ustedes con los recaudadores de impuestos y con los pecadores?". Jesús les respondió: "Los sanos no tienen necesidad de médico, sino los que están enfermos. No he venido a llamar a justos, sino a pecadores al arrepentimiento"» (Luc. 5:29-32). Jesús sentado con pecadores. Qué controversia y misericordia, sin duda alguna. Estas personas, contaminadas e impuras, pecaminosas y profanas, habrían caído muertas en la sala del trono, pero esta noche, el Santo se sentó a cenar con ellas.

Los fariseos y los escribas estaban igual de contaminados que los «recaudadores de impuestos y los pecadores», pero tenían ciertas posturas y usaban ropas con una cualidad engañosa. Un ojo falto de sentido crítico llegaría a la conclusión de que ellos, los maestros de la ley y los escribas, tenían que ser santos, ¿no? Míralos, vestidos de expiación. Presentes en la sinagoga, eruditos en las Escrituras, obedientes a la ley. Pero Jesús sabía quiénes y qué eran, aun si nadie más lo sabía. Respecto a ellos, declaró: «¡Ay de ustedes, escribas y fariseos, hipócritas que son semejantes a sepulcros blanqueados! Por fuera lucen hermosos, pero por dentro están llenos de huesos de muertos y de toda inmundicia» (Mat. 23:27).

La hipocresía engaña a todos menos a Dios. Pero la buena noticia habría sido fantástica si ellos hubieran creído la verdad. La verdad sobre la Ley (incluida que no la habían guardado), los Profetas y Aquel sentado frente a ellos como cumplimento de ambas cosas. Ellos creían que gozaban de buena salud, pero tenían una mente enferma. Pensaban que estaban limpios, cuando necesitaban ser lavados.

En nuestra época, hay muchos con el mismo espíritu. Conocen las Escrituras, tienen una familia que también las conoce... una que quizás eligió pecados que no cantan con la misma fuerza que otros. Tienen un oído entrenado para lo espiritual, conocen el idioma de memoria, y tal vez este seas tú. Si alguna vez decidiste que algo de lo que eres o de lo que has hecho te transforma en una buena persona, estás equivocado. Y los engañados tienden a tenerse en tan alta estima que se aproximan a diario a la muerte, llenos de orgullo y pretensiones de superioridad moral, mientras Dios está parado con las palmas agujereadas por los clavos, esperándolos.

Es interesante que los «pecadores evidentes» pueden estar más cerca del reino que los que fueron criados cerca de él. Tanto los fariseos como los recaudadores de impuestos estaban bajo la misma ira. Ambos se enfrentaban al mismo destino, porque la paga del pecado, secreto y evidente, es la muerte (Rom. 6:23).

Pero, por gracia de Dios, Jesús estaba ahí, en la tierra, encarnado, entre los pecadores, de manera que pudieran ser restaurados ante Su Padre. Jesús no vino a buscar a las personas perfectas, porque si lo hubiera hecho, tan solo habría venido a buscarse a Él mismo. En amor, vino a buscar a los enfermos. Ellos son y siempre serán los únicos que lo necesitan, y lo *saben*.

DÍA | 33

> Y oyeron al Señor Dios que se paseaba en el huerto al fresco del día. Entonces el hombre y su mujer se escondieron de la presencia del Señor Dios entre los árboles del huerto. GÉNESIS 3:8

**NUESTROS PRIMEROS PADRES SE** escondieron de Dios, y al igual que ellos, cuya conducta heredamos, nosotros también lo hacemos. En el caso de ellos, cuando escucharon que Dios caminaba por el jardín, miraron a su alrededor, vieron un árbol y lo transformaron en un escondite. Cuando nuestros corazones están endurecidos en algún sentido y el sonido de la voz de Dios surge a través de la Escritura, a través del Espíritu o de una persona en la que Él habita, siempre nos escondemos. Los árboles que encontramos son tan diversos como los pecados que nos llevaron allí. Si las buenas obras fueran un olmo, intentaríamos encontrar seguridad bajo su sombra. Si un ministro pudiera considerarse un pino, encontrarías a muchos pecadores detrás de él.

La buena noticia es que, no importa cuán lejos llegues o cuántas montañas escales, es imposible esconderse de Dios. El salmista declaró: «¿Adónde me iré de Tu Espíritu, o adónde huiré de Tu presencia? Si subo a los cielos, allí estás Tú; si en el Seol preparo mi lecho, allí Tú estás» (Sal. 139:7-8). El orgullo es la única razón por la cual cualquiera creería que Dios no puede verlo. Tal vez se deba a que hemos logrado escondernos de todos la mayor parte del tiempo. Y, por supuesto, estuvo aquella vez en la que llamaron a nuestra puerta, cuando algún pecado oculto quedó expuesto, o hubo una pregunta que llevó a una confesión que nunca querías hacer. Pero incluso esos momentos fueron orquestados por Aquel que sabía todo y lo dio a conocer. Quería que saliera a la luz, no importa cuánto doliera, para que pudieras ser libre. «El que encubre sus pecados no prosperará, pero el que los confiesa y los abandona hallará misericordia» (Prov. 28:13).

Es posible que esconderse de otras personas indique un deseo de esconderse de Dios. En el caso de Adán y la madre de todos los seres vivientes, el árbol se transformó en más de una razón por la cual no confesar. También fue un mediador insuficiente. Ellos conocían la advertencia: «el día que de él comas, ciertamente morirás» (Gén. 2:17). Y supusieron que un árbol —algo creado, al igual que ellos— podía protegerlos del juicio. Trataron el árbol como si fuera la sangre sobre el dintel, como si la muerte fuera a verlo y a pasarlos por alto.

Ah, no nos hemos alejado demasiado de ese árbol. Todavía inventamos maneras de lidiar con el pecado, escondiéndonos detrás de esto o aquello como protección de la ira de Dios. La conciencia testifica a favor de la verdad, y como una mano sobre una boca sincera, la suprimimos mediante todos los medios posibles. Pero aquí está otra vez, para aquellos que tienen oídos para oír: la salvación no ha llegado mediante un Salvador creado.

Algo creado constituye un mesías insuficiente. El Único que puede ponernos a cuentas con Dios es Dios. El Dios que se transformó en maldición sobre un madero, para que todos los que confían en Él puedan ser perdonados (Gál. 3:13). Él hizo una promesa que un árbol jamás podría cumplir. Así que, en vez de esconderte detrás del árbol que elijas, elige decirle a Dios qué te llevó ahí en primer lugar. Porque «si confesamos nuestros pecados, Él es fiel y justo para perdonarnos los pecados y para limpiarnos de toda maldad» (1 Jn. 1:9).

DÍA | 34

El sabio escala la ciudad de los poderosos y derriba la fortaleza en que confiaban. PROVERBIOS 21:22

**LAS FORTALEZAS SE CONSTRUYEN** como refugios contra la intrusión. Como protección de cualquier enemigo que atente contra la paz. En una ciudad, una fortaleza es un desarrollo sabio, al ver que está llena de mujeres que ríen y hombres que aman. Hay bebés que gatean a todas partes y se meten en todos lados. Estas son cosas que vale la pena proteger.

En la historia, algunas fortalezas eran murallas que rodeaban cierto lugar. Un ejército no podía atacar una ciudad sin divisar algún plan que supusiera rodear o atravesar esa fortaleza. Derribar la fortaleza era la mitad de la batalla. Pero si lo hacían, las mujeres que ríen, los hombres que aman, los bebés que gatean y lloran ahora eran tan vulnerables como la ciudad que antes consideraban segura.

Esa palabra: *vulnerable*. Un disparador. Un enemigo al que no queremos recibir pero que, de hecho, es un requisito. Lo digo porque, en muchos sentidos, estás en tu propia ciudad. Dentro de ti, existen la risa y el amor, la inestabilidad y la inmadurez. Naturalmente, estás comprometido a proteger estas cosas. En algún momento de tu vida, quizás incluso ahora, el proyecto que elegiste ha sido juntar ladrillos o piedra —lo que mejor funcione— y apilarlos alrededor de la pequeña ciudad que tú mismo constituyes. Algunos de los ladrillos se construyeron la primera vez que experimentaste una falta de amor. Otros se añadieron cuando la frase «No puedes depender de nadie más que de ti mismo» entró a tu mente y se instaló ahí. Ese pensamiento era un enemigo al cual transformaste en vecino. Los pecados en tu interior y en tu contra inspiraron tu construcción.

En la carta de Pablo a la iglesia de Corinto, varios o muchos hombres desordenados estaban poniendo en duda la autoridad y la autenticidad del apóstol. Cuestionar su envío y su sinceridad era una idea que, si los demás la creían, evitaría que la verdad que él llevaba también fuera creída. Las ideas, las razones y los argumentos contra Pablo eran una fortaleza. En otras palabras, las fortalezas son palabras, oraciones, párrafos, historias extravagantes de la tierra con las cuales se comprometen el corazón y la mente. Cada palabra es un ladrillo, cada ladrillo es una distorsión de la verdad, y cada pared que construye debe derribarse con una estrategia divina. Un arma sobrenatural, como lo expresa Pablo: «las armas de nuestra contienda no son carnales, sino poderosas en Dios para la destrucción de fortalezas; destruyendo especulaciones y todo razonamiento altivo que se levanta contra el conocimiento de Dios, y poniendo todo pensamiento en cautiverio a la obediencia de Cristo» (2 Cor. 10:4-5).

Cuando se levanta una fortaleza en la mente, lo que está en juego es que la mente tenga conocimiento de Dios en ella. La fortaleza existe como protección de algo peligroso que quiere entrar; sin embargo, es aquello mismo que mantiene afuera el conocimiento de Dios. Derríbala con la verdad sobre Cristo, mediante el Espíritu, tal como lo revela la Escritura. Cada ladrillo debe caer para que Cristo, el Rey de gloria, pueda entrar.

DÍA | 35

Pero la mujer de Lot, que iba tras él, miró hacia atrás y se convirtió en una columna de sal. GÉNESIS 19:26

**CUANDO JESÚS NOS DICE** que recordemos algo, nuestra memoria debe prestar atención. «Acuérdense de la mujer de Lot», dijo en Lucas 17:32. ¿La recuerdas? La mujer que se casó con el sobrino de Abram. La que vivía en el lugar donde fueron los ángeles a tocar la puerta y se reunieron unos hombres lujuriosos como una comunidad de casas embrujadas. Esos ángeles fueron a ver a Lot con una misión misericordiosa. La mano de Dios se había levantado sobre la ciudad, y el juicio era inminente. Abraham había intercedido, y en respuesta, Dios envió Sus ángeles para advertir y rescatar a los que habían sido cubiertos de oración, y juzgar a los condenados. La puerta de la salvación se les abrió a Lot y a toda su familia. Sus yernos no la quisieron, y a Lot le costó creer. Pero la misericordia también es repetitiva, así que, tomando a Lot, a sus dos hijas y a su esposa de la mano (¿te acuerdas de ella?), los ángeles los sacaron de la ciudad camino a la libertad.

Mientras se iban, los ángeles volvieron a advertirles, diciendo: «Huye por tu vida. No mires detrás de ti y no te detengas en ninguna parte del valle» (Gén. 19:17). Por más simple que fuera la advertencia, no debe haber sido fácil de obedecer. Desde el cielo, caía fuego, como un martillo encendido. La condenación no era solo un hecho; era lo que habían elegido. ¿Qué es rechazar a Dios, sino la aceptación de la muerte? ¿Qué es una mirada anhelante a Egipto sino una prueba de dónde están realmente tu corazón y tu ciudadanía?

Mientras ocurría el juicio sobre la ciudad, la esposa de Lot (¿te acuerdas de ella?) miró atrás. Y el texto dice que se transformó en una columna de sal. La ironía es clara. Rechazando la vida que se le ofrecía, ella quiso la «vida» que tenía. En nada menos que justicia poética, la sal —un conservante común— embalsamó a la mujer que quería conservar su vida. Al intentar salvarla, la perdió, y se transformó en un monumento a la incredulidad. Y uno memorable, además.

Al recordar a la mujer de Lot, recordamos varias cosas: (1) Es posible llegar al borde de la salvación y aun así perderla. La esposa de Lot se fue *con* Lot, de la mano de los ángeles mientras salían. Al dejar atrás la ciudad, había escapado del juicio; y al mirar atrás, de inmediato se puso bajo otra clase de juicio por el mismo Dios. (2) Dar por sentada la misericordia es un juego peligroso. Tal vez la esposa de Lot pensó en los ángeles que habían ido a su casa (una misericordia), que les advirtieron del juicio venidero (una misericordia), en la urgencia por rescatarlos a pesar de la resistencia de Lot (una misericordia), y creyó que, quizás, podía hacer lo que no debía y hallaría misericordia *otra vez*. (3) Jesús nos dijo: «Acuérdense de la mujer de Lot. Todo el que procure preservar su vida, la perderá; y todo el que la pierda, la conservará» (Luc. 17:32-33).

DÍA | 36

> Según cada uno ha recibido un don especial, úselo sirviéndose los unos a los otros como buenos administradores de la multiforme gracia de Dios. El que habla, que hable conforme a las palabras de Dios; el que sirve, que lo haga por la fortaleza que Dios da, para que en todo Dios sea glorificado mediante Jesucristo, a quien pertenecen la gloria y el dominio por los siglos de los siglos. Amén. 1 PEDRO 4:10-11

**TODO CRISTIANO HA RECIBIDO** algún don por gracia. Están aquellos que han recibido la gracia para abrir la Biblia, discernir lo que el Espíritu está diciendo y explicárselo al pueblo de Dios para su edificación. Otros han recibido misericordia. Ven al oprimido, al quebrantado, al necesitado y llevan en su interior la habilidad dada por Dios de ver también al portador de imagen que hay detrás. De pelear por él en lugar de contra él. De levantarlo y liberarlo, tanto su alma como su cuerpo. Los líderes también son personas que han recibido un don. Poseen una capacidad empoderada por el cielo de ver adónde tienen que ir los demás y qué infraestructuras deben crearse. Presentan una visión y lavan los pies.

Cuando todos funcionan en la gracia que han recibido, el cuerpo, como metáfora de la iglesia, puede caminar sobre el agua. Toda mujer, hombre y niño a quien Cristo haya redimido está equipado para «que todos lleguemos a la unidad de la fe y del pleno conocimiento del Hijo de Dios, a la condición de un hombre maduro, a la medida de la estatura de la plenitud de Cristo» (Ef. 4:13). Ese es el objetivo de todo don dado a los hombres. Crecer en Jesús.

¿Cuál crees que es un enemigo de ese objetivo? ¿Qué evita que la iglesia sea plenamente el tabernáculo que Dios diseñó? Es la manera en que *pensamos* sobre nosotros mismos. Cada don tiene su espina. Aquel con el don de enseñar prodiga perspicacia, y no pasa demasiado tiempo antes de que el *don* y la *gracia* para enseñar se le atribuyan a la habilidad intelectual y la personalidad del maestro. No consideran que todo lo que pudieron dar primero lo recibieron. El santo misericordioso empieza a pensar que la misericordia es parte de su propia naturaleza, y un orgullo diabólico se desarrolla en él, invisible ante la mirada de todos pero no ante la del Señor. Entonces, se ve tentado a probar a Dios, como hicieron Ananías y Safira. Dieron solo como un medio para honrarse a sí mismos. Usaron la benevolencia para cubrir su ambición egoísta.

Si eres miembro de cualquier iglesia u organización cristiana, no pasará mucho tiempo antes de que las espinas de un líder lastimen a todos aquellos a los que toque. La gracia para liderar vive junto con la tentación de controlar. De deificarse a uno mismo, transformando a los miembros del cuerpo de Cristo en siervos de un ego inflado y una estimación frágil de su propio valor. La manera en que pensamos en nosotros mismos a la luz de nuestros dones determinará cómo y para qué los usamos. Para nuestra gloria o la del Señor.

La sabiduría del Espíritu, que obra mediante Pablo en su carta a Roma, es también para nosotros: «Porque en virtud de la gracia que me ha sido dada, digo a cada uno de ustedes que *no piense de sí mismo más de lo que debe pensar, sino que piense con buen juicio*, según la medida de fe que Dios ha distribuido a cada uno» (Rom. 12:3, énfasis añadido). El recato se suele asociar con la ropa, pero también es adecuado para la mente. Cuando pensamos en un don particular que hemos recibido, como un globo inflado y listo para volar, debemos tomar nuestros pensamientos de la mano y bajarlos a la tierra. Un borracho no puede controlar lo que dice —o cualquier cosa, en realidad—, pero un hombre con buen juicio puede pensar y ver con claridad, manteniéndose a salvo y guardando a otros. Una mente con buen juicio funciona de la misma manera. Protege a los que tienen un don de verse bajo una luz que trascienda la realidad, y guarda al cuerpo de heridas innecesarias. El buen juicio empieza al responder esta pregunta: «¿Qué tienes que no recibiste?» (1 Cor. 4:7).

DÍA | 37

Los discípulos se habían olvidado de tomar panes, y no tenían consigo en la barca sino solo un pan. Jesús les encargaba diciendo: «¡Tengan cuidado! Cuídense de la levadura de los fariseos y de la levadura de Herodes». Y ellos discutían entre sí que no tenían panes.

MARCOS 8:14-16

**HAY UNA CITA QUE** no me puedo sacar de la mente desde que la leí. Dice así: «El corazón endurecido es un problema particular de las personas religiosas y morales (por ej., Rom. 2:5). Un corazón ignorante no se puede endurecer. Solo un corazón que conoce puede endurecerse, y por eso, aquellos más cercanos a Jesús —los fariseos ([Marcos] 3:5-6) y los discípulos (6:52; 8:17)— son los que corren más peligro».[7]

Este comentarista está respondiendo a un relato en Marcos 8. Jesús acababa de alimentar a 4000 personas con siete panes y rechazó la exigencia de un fariseo de una señal del cielo, como si la multiplicación divina del pan no fuera suficiente. Después de ambos momentos, se nos invita al barco con los discípulos y se nos deja ver la tensión del texto, porque los discípulos se han olvidado de llevar suficiente pan para su viaje a Betsaida.

Muchos hombres y un pan, una versión en miniatura de la situación que acaban de experimentar. Jesús percibe lo que está sucediendo en ellos y entre ellos, y sabe que el problema no es su falta de memoria, sino su percepción. Antes de que ellos digan algo, Jesús se adelanta y declara: «¡Tengan cuidado! Cuídense de la levadura de los fariseos y de la levadura de Herodes» (Mar. 8:15). La levadura de la incredulidad —una postura antagonista hacia Jesús en virtud de la falta de disposición a creer en Él— tiene su hogar no solo en el corazón de la élite religiosa o las potencias políticas, sino también entre los discípulos. Son conscientes de que se han olvidado el pan. Quieren y necesitan comer para tener sustento para el viaje que tienen por delante; sin embargo, sienten vergüenza por algo que Jesús decidió no condenar. Es lo mismo que todos hacemos a veces, maltratándonos por ser débiles en lugar de verlo como una oportunidad de confiar en Alguien fuera de nosotros.

Para decirlo de manera sencilla, los discípulos están en un barco con un hombre que alimentó a 5000 personas con 5 panes y a 4000 con siete panes —y hasta hubo sobras—, y aun así, estos hombres (que son un número significativamente menor que 5000) se ponen a hablar de *aquello* que no tienen, en lugar de considerar a *Aquel* que sí tienen. Ante esto, Jesús pregunta: «¿Por qué discuten que no tienen panes? ¿Aún no comprenden ni entienden? ¿Tienen el corazón endurecido? Teniendo ojos, ¿no ven? Y teniendo oídos, ¿no oyen? ¿No recuerdan [...]?» (vv. 17-18).

Aquellos que tenemos fe, que hemos observado la mano del Señor, hemos visto demasiado. Lo hemos visto suplir nuestras necesidades. Lo hemos escuchado hablarnos mediante Su Palabra, a través de Su pueblo, de la presencia de Su Espíritu en nuestro corazón, guiando, advirtiendo y consolando. Hemos experimentado Su paz y Su salvación. La instancia más dramática fue la vez en que tomó nuestro corazón de piedra y nos dio uno de carne. O cuando nos llamó a la vida, y salimos de la tumba a una nueva vida.

Que podamos resistir la tentación de tener ojos que no ven y oídos que no oyen. Caminar en dirección opuesta a lo que se ha revelado y afirmado como verdad implica volver a llenar de piedra un corazón de carne. Los que estamos cerca de Jesús corremos el riesgo de endurecernos más, al haber visto Su gloria una y otra vez. La buena noticia es que Aquel que reveló Su gloria es el mismo que nos ayudará a entenderla. Cuidado con la levadura de los fariseos.

DÍA | 38

> Queda, por tanto, un reposo sagrado para el pueblo de Dios. Pues el que ha entrado a Su reposo, él mismo ha reposado de sus obras, como Dios reposó de las Suyas. Por tanto, esforcémonos por entrar en ese reposo, no sea que alguien caiga siguiendo el mismo ejemplo de desobediencia.
>
> HEBREOS 4:9-11

**¿POR QUÉ ES TAN** difícil descansar? Podría ser que el descanso nos impone ciertas limitaciones, poniéndonos en la posición de encontrar un propósito independiente de nuestro trabajo. Cultivar algo nos da validación. Labrar el suelo, plantar la semilla, regar la raíz y observarla crecer. Encontramos gozo al poder dar un paso atrás y llamar «bueno» a aquello que hemos creado. Sin duda, fuimos llamados a esto. Al séptimo día, Dios descansó. En la Ley, lo mandó: «Acuérdate del día de reposo para santificarlo» (Ex. 20:8). En Cristo, Él se volvió nuestro descanso. Así, el descanso sabático ya no está restringido a un día, sino que se experimenta en una persona.

Hay una implicación práctica para este descanso, que los lectores modernos harían bien en buscar. Mediante la cual dejamos de trabajar, literalmente. De trabajar para la aprobación de Dios o trabajar porque sí (durante períodos breves o sostenidos de tiempo). El llamado a descansar está sometido al llamado supremo, que es amar al Señor nuestro Dios con todo nuestro corazón, nuestra mente y nuestra alma. Y, a decir verdad, el trabajo tiene la costumbre de desordenar nuestros afectos y entrometerse con nuestra mente, de manera tal que empezamos a pensar que nosotros creamos el suelo que estamos labrando, encontramos la semilla que plantamos, fabricamos el agua que usamos y, por lo tanto, el crecimiento que llamamos bueno es para nuestra gloria. Tim Keller lo expresa así:

> También debemos pensar en el sábat como un *acto de confianza*. Dios designó el día de reposo para recordarnos que Él está trabajando y descansando. Practicar el sábat es una manera disciplinada y fiel de recordar que tú no eres quién mantiene al mundo funcionando, que no eres el que provee para tu familia, ni incluso el que hace avanzar tus proyectos de trabajo.[8]

El descanso al cual nos resistimos es para nuestro propio bien. Es una manera de administrar todo nuestro ser. De sentarnos y tan solo *pensar*. U orar. O meditar en la gracia y en cómo se manifiesta en todas las cosas buenas que experimentamos a diario. El descanso nos reorienta. Las pausas abren lugar para los recuerdos. En el silencio y la soledad, podemos recordar que no solo de pan vive el hombre. Al dejar de trabajar, ya sea por cinco minutos o cinco días, podemos recordar que el maná vino sin la ayuda de Israel. En este descanso, podemos descubrir que la provisión de Dios no depende de nuestro ajetreo, sino de Su bondad. Sin duda, el descanso es adoración.

DÍA | 39

En verdad, consideramos dichosos a los que perseveraron... —SANTIAGO 5:11, NVI

**¿SABÍAS QUE LA OBEDIENCIA** tiene un costo? Esto no es ninguna novedad para los que han observado las vidas de los fieles. Un grupo particular, que aparece en Hebreos, describe tanto el costo de la obediencia como la persona que nos ayuda a seguir en ella.

Está Noé, al cual Dios le dijo que estaba por destruir todo excepto su familia. Mientras tanto, todos los demás tenían una convicción diferente. Para ellos, la justicia de Dios estaba sumamente lejos de su conciencia. Estaban ocupados con la vida y con la tranquilidad que viene con una conciencia cauterizada. Comían y bebían y se casaban. Sin embargo, Noé no tenía los mismos lujos que el mundo que lo rodeaba. Estaba ocupado trabajando para salvar su vida. ¿Acaso no crees que tuvo que perseverar para creer que Dios le estaba diciendo la verdad, especialmente cuando parecía que a nadie más que a él le interesaba el juicio divino? ¿No crees que veía la naturaleza relajada de la vida de todos los demás y que a veces la anhelaba?

O considera a Moisés, el libertador del pueblo de Dios. Hebreos describe que «abandonó Egipto» (Heb. 11:27, RVA2015). Esto significa que apartó los afectos de su corazón de la nación y su forma de vida. Abandonar el reino de este mundo tiene un costo, sabiendo que hay ira para todos los que se atrevan a decir que Jesús no solo es el Señor de su corazón sino también el Señor de todo, en todas partes.

Hay un costo para los fieles. Pero ¿sabías qué hace que uno abrace este costo? ¿Sabes lo que ayudó a estos santos a seguir adelante? Ninguno de ellos permitió que el costo de su obediencia los distrajera del Dios al cual estaban obedeciendo. Noé obedeció porque temía a Dios (Heb. 11:7). Y Moisés perseveró al ver al Dios invisible (11:27). En el camino de la sabiduría, debemos hacer lo mismo. Nuestro temor y nuestro enfoque deben estar en mirar a Jesús, el Dios eterno, envuelto en carne, crucificado por el pecado, levantado a la vida y sentado a la diestra de Dios. Mientras Él siga siendo así, cualquier costo vale la pena.

DÍA | 40

> Entonces ellos creyeron en Sus palabras, y cantaron Su alabanza. Pero pronto se olvidaron de Sus obras; no esperaron Su consejo. Tuvieron apetitos desenfrenados en el desierto, y tentaron a Dios en las soledades.
>
> SALMO 106:12-14

**ISRAEL SE QUEJABA TANTO** como nosotros. Por todo lo habido y por haber. Los hijos de Adán son buenos a la hora de ser específicos. A la hora de identificar un problema y alabarlo al repetir su nombre. Estas quejas suelen ser viscerales —es decir, surgen de algo tangible y sentido—, en lugar de abstractas. Por ejemplo, cuando Israel salió de Egipto, los israelitas se quejaron contra Moisés y su hermano, diciendo: «Ojalá hubiéramos muerto a manos del Señor en la tierra de Egipto cuando nos sentábamos junto a las ollas de carne, cuando comíamos pan hasta saciarnos» (Ex. 16:3).

En realidad, entiendo su angustia. El hambre es una sensación irritante que te tienta a comportarte como si nunca hubieras comido en tu vida. Sin embargo, lo problemático es cómo, si permitimos que se salga con la suya, el cuerpo nos provocará a extrañar un lugar en el que ni siquiera éramos felices. No olvidemos cómo se describió el tiempo de Israel en Egipto. Tenían capataces sobre ellos «para oprimirlos con duros trabajos», y «obligaron a los israelitas a trabajar duramente, y les amargaron la vida con dura servidumbre en hacer barro y ladrillos y en toda clase de trabajo del campo. Todos sus trabajos se los imponían con rigor» (Ex. 1:11-14). Sus cuerpos y el hambre en su interior cambiaron su manera de ver su condición anterior. Según Israel, la esclavitud no era amarga, sino una situación de abundancia. Comían todo lo que querían y cuando querían, razonaban. Tal vez eran esclavos, pero al menos tenían el estómago lleno.

Ah, la carne siempre hace que el cielo parezca el infierno, y que el servicio a Dios parezca más molesto que la esclavitud al pecado. En algún momento durante el día, verás algún rostro atractivo (o cualquier tentación que te persiga), y te sentirás atraído. Esa atracción puede permanecer si uno no opone resistencia, y a veces, tener que dar muerte a algo *es* lo irritante. *Parecía* que, en Egipto —cuando el mundo, la carne y el diablo eran el faraón—, cuando tenías hambre, comías. Cuando tenías sed, bebías. Pero ¿qué había al final de todo eso? Sí, eras «libre» para hacer lo que quisieras, pero después de que el estómago lleno viviera dentro de un cuerpo muerto, ¿habría valido la pena comer en abundancia y tener que enfrentarse al juicio divino? El apóstol Pablo le dijo lo mismo a la iglesia de Roma: «Porque cuando ustedes eran esclavos del pecado, eran libres en cuanto a la justicia. ¿Qué fruto tenían entonces en aquellas cosas de las cuales ahora se avergüenzan? Porque el fin de esas cosas es muerte» (Rom. 6:20-21).

Pero tú conoces la verdad sobre esos días, tanto como yo. Eras tanto un esclavo de un sistema como de ti mismo. Y ahora, has encontrado un nuevo Amo, uno bueno, cuyo yugo es fácil y cuya carga es ligera. Un Rey que es superior a todos los demás reyes y reinos. Que se revela como manso y humilde. Y la vida con ese Dios siempre es mejor que la vida en Egipto.

Este Señor ha rescatado a los llamados y los guía a una especie de desierto, donde tendrán hambre y sed. Y, cuando eso suceda, ellos deben recordar la verdad sobre su situación anterior. Que, incluso cuando comían, nunca se llenaban. Incluso si bebían, nunca eran libres. Y ahora, en esta nueva tierra, hay un pan del cielo y agua de la roca. En Jesús, nuestro estómago está lleno, y nuestra sed es saciada.

DÍA | 41

¿Quién guio al Espíritu del Señor, o como consejero suyo le enseñó? ¿A quién pidió consejo y quién le dio entendimiento?... ISAÍAS 40:13-14

**CUANDO DIOS LE HACE** una pregunta a alguien en la Escritura, enseguida me siento derecha y presto atención. Porque, para que un Dios que sabe todas las cosas le pregunte algo a alguien, debe significar que no está simplemente siendo curioso. La curiosidad de Dios debe enmarcarse dentro de la doctrina de la omnisciencia. Job lo descubrió: «¿Puede enseñarse a Dios sabiduría, siendo que Él juzga a los encumbrados?» (Job 21:22). Y Pablo apeló a ello: «Pues, ¿quién ha conocido la mente del Señor? ¿O quién llego a ser Su consejero?» (Rom. 11:34). Si Dios no necesita un maestro, más conocimiento ni un consejero además de Él, entonces hay otra motivación detrás de cada pregunta. Para decirlo de otra manera, si Dios sabe todo y no necesita nada, el acto de inquisición divina tiene que beneficiar solo a la persona a la que se le está preguntando.

Con eso en mente, es muy interesante considerar la primera pregunta registrada en la historia al primer hombre de la historia. Es una pregunta que revela a Dios. Después del mordiscón que oscureció al mundo, se escucharon las pisadas del Señor que caminaba al aire del día.

¿Era esta Su práctica habitual? No lo sabemos. Lo que sí podemos observar es que las personas, que antes eran intachables, ahora eran culpables, y «se escondieron de la presencia del Señor Dios entre los árboles del huerto» (Gén. 3:8). A pesar de todo esto, el Señor llama a Adán. Sus primeras palabras hacia él desde que le dio todo lo bueno con Eva. Lo que los trajo hasta aquí, manchados detrás de un árbol, fue su respuesta a una pregunta. Y ahora, *también* se le hace una pregunta a Adán, y no a Eva.

«¿Dónde estás?», le preguntó Dios (v. 9).

¿Te imaginas? Dios, el Creador del cielo y la tierra, Aquel que numera las estrellas y sondea el corazón —Aquel del cual ninguna criatura puede esconderse, no importa detrás de cuántos árboles o ministros o máscaras te acurruques (Heb. 4:13)—, le preguntó a Adán adónde estaba. Tal vez pienses que Dios necesitaba conocer su ubicación. Que, mientras caminaba por el jardín, entrecerró los ojos, buscando a diestra y siniestra, con la necesidad de ver antes de conocer, o de preguntar para entender. Pero, una vez más, el Dios trascendente no necesita de nadie más que Él para conocer todo sobre todo. Entonces, vuelve a considerar la pregunta. Recuerda que otra manera de preguntar: «¿Adónde estás?» es decir: «¿Por qué no estás cerca?». O: «¿Por qué hay una distancia entre nosotros, cuando lo único que hubo siempre fue amor?». O: «¿Dónde estás *en relación a mí*?».

Esta pregunta va directo al centro de lo que el pecado deteriora. La intimidad con Dios. Para responder con sinceridad, Adán tiene que delatarse. Debe recordar el fruto que tomó, llamando al mordisco por su nombre. La pregunta de Dios a Adán fue una invitación más que una averiguación. Entonces, desde el principio, Dios ha hecho lugar para la confesión del pecado. Ha hecho lugar para dejar de lado la futilidad de esconderse de Él. Si Él conoce todas las cosas, eso me incluye. Mi corazón y el pecado al cual ama. Mi mente y los pensamientos que entretiene. Mi cuerpo y la manera en que lo trato.

Entonces, qué misericordia es que Dios nos haga una pregunta. Es una evidencia de amor. El Dios omnisciente quiere que conozcamos y seamos conocidos. Entonces, es razonable suponer que la curiosidad divina a favor del pecador sigue en vigencia hoy. En nuestros púlpitos y nuestros bancos. En lo que llamamos «convicción» o falta de convicción. Dios sabe exactamente adónde estás, pero ¿y tú? No está preguntando para saber, sino para traerte más cerca.

DÍA | 42

... al no poner nuestra vista en las cosas que se ven, sino en las que no se ven. Porque las cosas que se ven son temporales, pero las que no se ven son eternas.

2 CORINTIOS 4:18

**UNA VEZ, EL REY** de Siria envió a un ejército para atrapar a Eliseo. Enojado porque este profeta conocía sus secretos, el rey envió a su ejército a encontrar a Eliseo y capturarlo. Cuando el sol se puso, el ejército rodeó la ciudad como un depredador en un arbusto, a la espera para atrapar a su presa.

Temprano por la mañana, el siervo de Eliseo se despertó y salió a dar una mirada. Por toda la ciudad, había carros y caballos con jinetes. Naturalmente, el siervo tuvo miedo y le preguntó a Eliseo: «*¿Qué haremos?*» (2 Rey. 6:15, énfasis añadido). Supongo que estaba buscando una estrategia. Eliseo respondió, no con una técnica para responder al ataque o sobre cómo esconderse, sino con la garantía de que el siervo no puede ver todo lo que está sucediendo.

Le dijo a su siervo: «No temas, porque los que están con nosotros son más que los que están con ellos» (2 Rey. 6:16). La respuesta de Eliseo estaba arraigada en una realidad invisible. Entonces, le pidió a Dios que le revelara esto a su siervo. Porque el hombre natural no puede discernir las cosas espirituales, a menos que el Dios invisible lo ayude a ver detrás del velo. «Oh Señor, te ruego que abras sus ojos para que vea» (2 Rey. 6:17). Eliseo le pidió al Señor de los ejércitos celestiales que le permitiera al siervo ver. Dios respondió, y cuando lo hizo, el siervo miró y vio a otro ejército, con caballos y carros de fuego, que no rodeaban la ciudad sino a una persona. La realidad invisible hecha visible. Se corrió la cortina. Se abrió la puerta de par en par, como la alabanza, un abrazo o una sonrisa.

El texto no lo dice, pero me pregunto qué habrá sucedido en el corazón del siervo al ver la verdad revelada. Lo que vio fue en respuesta a cómo se sentía, y sus sentimientos seguramente cambiaron después de lo que vio. Ahora, al saber quién y qué estaban de su lado, apuesto a que volvió a ponerse derecho.

Lamentablemente, la mayoría de nosotros va por la vida como el siervo. Es natural. Avanzamos por la vida como si todo lo que podemos ver fuera lo único que existe. Ignorando la realidad espiritual de todo, como los ángeles y los demonios. O la realidad de que adoramos al Dios encarnado, el cual ha dado a conocer al Dios invisible. Está la realidad de que el Espíritu de Dios está sobre la tierra, en la iglesia, dándonos poder para hacer cosas imposibles como amar a nuestro prójimo o llevar nuestra cruz. Creo que olvidar esto es la razón por la cual nos comportamos como si perteneciéramos a este mundo. Comentando en línea sobre cuestiones que no importan. Chismeando en nombre de

Dios. Malgastando nuestro tiempo con la carne. Mirando cosas que no santifican. Orando sin poder.

La oración de Eliseo tiene que ser la nuestra: Dios, abre nuestros ojos. Quizás entonces, nos moveremos con una fe inamovible. Con una valentía constante. Con un amor abrumador y la mente en la eternidad. Sin duda, esto traería el cielo a la tierra, o debería decir que ya ha estado aquí. En parte, y un día lo estará plenamente. Sencillamente, no lo vemos.

## DÍA 43

> Pues considero que los sufrimientos de este tiempo presente no son dignos de ser comparados con la gloria que nos ha de ser revelada. ROMANOS 8:18

**MILLONES DE PERSONAS EN** cada ciudad en cualquier país de este planeta conocen muy bien el dolor. Alguien o algo los ha dañado, y a ellos les digo: úsenlo. Usen el dolor. El dolor tiene valor siempre y cuando reconozcamos sus cualidades redentoras.

Ahí está el José de Génesis, el cual fue rechazado, calumniado, oprimido y olvidado por el pueblo, y aun así, visto por Dios. Fue exaltado como un faraón menor, y en virtud de todo lo malo que había soportado, pudo salvar a toda una nación.

Ahí tenemos el cuerpo de Ana, que se negó a obedecer a su diseño. Año tras año tras año, esta mujer era infértil, y la otra mujer que vivía en su hogar la provocaba debido a esto. El dolor la llevó al templo, donde le rogó al Señor de los ejércitos que le diera un hijo, y ella se comprometió a entregárselo. Dios miró su aflicción, se acordó de su oración y le dio a Samuel, un profeta y sacerdote que guio al pueblo de Dios en verdad.

Ahí está David, un pastor de ovejas y rey que fue acosado por el hombre al cual intentaba servir, y por el hijo que quería su posición. Y en medio del temor y la traición, ¿sabes lo que hizo? Escribió canciones a Dios y para el pueblo de Dios. Estas canciones se escribieron en cuevas y en oscuridad, y sin embargo, están en la Escritura. En medio del trauma, las palabras de David fueron inspiradas por Dios, y hasta el día de hoy, todos nos beneficiamos de lo que pudo crear cuando más dolor sentía.

Después, por supuesto, está Jesús nuestro Señor. El Dios del cielo, Creador de todo, Varón de dolores. El Rey que «llevó nuestras enfermedades, y cargó con nuestros dolores» (Isa. 53:4). El Todopoderoso que «fue despreciado y desechado de los hombres» (Isa. 53:3). El Santo que « fue herido por nuestras transgresiones, molido por nuestras iniquidades» (Isa. 53:5). Tal vez te preguntes: ¿cuál era el propósito de ese dolor? Sus heridas nos sanaron. Su castigo nos trajo paz. ¿Qué ejemplo más grande hay de lo redentor que puede ser el dolor?

Incluso ahora, cada rama que permanece crea un jardín de uvas, un viñedo de gloria, solo mientras el jardinero poda. Algún día, entenderemos la habilidad de Dios para redimir lo que duele, cuando todos veamos el peso eterno de gloria para el cual estas aflicciones leves y pasajeras nos han estado preparando (2 Cor. 4:17). Entonces tú, que estás herido de este lado del cielo, cualquiera sea tu dolor, úsalo.

DÍA | 44

Me acordaré de las obras del Señor; ciertamente me acordaré de Tus maravillas antiguas. Meditaré en toda Tu obra, y reflexionaré en Tus hechos. SALMO 77:11-12

**EN 1953, UN HOMBRE** llamado Henry Molaison se sometió a una cirugía cerebral para tratar su epilepsia. Durante la intervención, el doctor quitó un pedazo del cerebro de Henry que afectaba su memoria. Especialmente, su memoria a corto plazo.

En una grabación, un médico que estaba haciendo un estudio sobre el cerebro y la memoria le preguntó a Henry si se acordaba de lo que había hecho ayer. Henry le respondió: «No lo sé». El médico le hizo otra pregunta. «¿Recuerdas lo que hiciste esta mañana?». «Tampoco lo recuerdo», dijo Henry. Entonces, le preguntó si sabía lo que haría mañana, a lo cual Henry respondió: «Lo que sea provechoso».⁹

Uno esperaría que tuviera alguna clase de planes. Al menos, podría haber dicho que se levantaría y bebería un café. Llamar a su madre, pasear a su perro. Pero Henry no podía decirte lo que haría mañana porque no recordaba lo que había hecho ayer. Respondía de esa manera a las preguntas porque la parte del cerebro que le habían quitado afectaba la habilidad de Henry para crear nuevos recuerdos, y como no podía recordar el pasado, no tenía contexto para imaginar su futuro. Sin sus recuerdos, Henry no tenía ninguna expectativa.

Cuando alguien como Abraham pensaba en el sacrificio que tendría que hacer en el futuro, recordaba la resurrección del pasado. Recordaba cómo Dios le había dado a él, un hombre de noventa y nueve años, y a su esposa, una mujer de noventa años, el poder para concebir un hijo. Algo que era, realmente, una especie de resurrección: vida proveniente de cuerpos moribundos. Los recuerdos de Abraham le daban contexto para su imaginación. Por lo tanto, si Dios había podido hacer un milagro en ese entonces, podría hacer un milagro ahora. Eso es *fe*.

A casi todos nosotros nos cuesta confiar en que Dios hará lo que dijo que haría en Su Palabra, a través de Su Hijo, y tal vez se deba a que tenemos un problema de memoria. Con cuánta facilidad olvidamos que Él hizo los cielos y la tierra, que dividió el mar y libró a Su pueblo de la esclavitud, y cómo sacó vida de una matriz muerta.

Y más allá de las historias bíblicas que sucedieron hace años, olvidamos lo fiel que ha sido con nosotros, nuestras familias y en nuestras vidas. Cómo nos ha provisto lo que necesitábamos cuando ni siquiera se lo pedimos. Cómo nos protegió de toda clase de desastre. Así que, cuando surge una prueba, nos volvemos como Henry, incapaces de recordar el pasado, y debido a eso, no tenemos ninguna expectativa para el futuro.

La verdad es que la naturaleza inmutable de Dios es un ancla. Significa que en ningún momento de la historia ni del tiempo que vendrá, Dios no será bueno. O no podrá moverse. Siempre ha sido y siempre será un Dios fiel, justo, misericordioso y poderoso. Solo porque cambiemos de opinión a cada minuto no significa que Dios también lo haga. Él es el mismo Dios hoy que era ayer.

Así que creo que todos haríamos bien en cultivar la disciplina espiritual de recordar. ¿Acaso la Palabra de Dios no está para eso? ¿Para darnos sesenta y seis libros llenos de recuerdos sobre quién es Dios y cómo obra? Esto informará nuestra fe para que siempre podamos confiar en el Señor, sin dudar.

DÍA | 4 5

[Jesús] no cometió pecado, ni engaño alguno se halló
en Su boca. 1 PEDRO 2:22

**MUCHO SE HA DICHO** sobre Jesús en las Escrituras, acerca de cómo usaba Sus palabras. Cuando era pequeño, Sus padres lo encontraron en el templo, sentado entre los maestros, escuchando y haciendo preguntas. El texto dice que todos los que lo escucharon se asombraron ante Su entendimiento y *Sus respuestas*. Jesús usó palabras sabias.

Cuando el Espíritu lo llevó al desierto en Mateo 4, una de las tentaciones en particular fue que Jesús usara Sus palabras para mandarles a las piedras que se transformaran en pan. El problema fue que el diablo tentó a Jesús a usar Su poder divino para servirse a sí mismo. Jesús respondió a cada una de las tentaciones de Satanás con las Escrituras. Usó las palabras de Dios.

Cuando un endemoniado salió de una sinagoga, Jesús le habló directamente al demonio, le mandó que saliera y el espíritu obedeció. Los que miraban se decían: «¿Qué clase de *palabra* es esta? ¡Con autoridad y poder da órdenes a los espíritus malignos y salen!» (Luc. 4:36, NVI). Jesús usó palabras liberadoras.

Un día, mientras estaba dormido dentro de un barco, el viento y las olas empezaron a golpear el barco y a llenarlo de agua. Mientras que los discípulos usaron sus palabras para acusar a Jesús de falta de compasión y conciencia de sus necesidades, Jesús le habló directamente al mar, diciendo: «¡Cálmate, sosiégate!» (Mar. 4:39). Calmó el viento. Calmó las olas. Jesús usó palabras pacificadoras.

Un joven rico se le acercó, preguntando cómo podía heredar la vida eterna. Jesús miró al joven; lo *amó* y le *dijo*: «Una cosa te falta: ve y vende cuanto tienes y da a los pobres, y tendrás tesoro en el cielo; entonces vienes y me sigues» (Mar. 10:21). El joven rico se fue triste, porque amaba su dinero más que a su Hacedor, y Jesús lo sabía. Jesús también pronunció palabras difíciles.

Esa noche en Lucas 22, cuando Jesús estaba en un huerto, arrodillado sobre el suelo y mientras el sudor le caía por el rostro, tuvo la conciencia tangible de que pronto, muy pronto, llevaría una cruz, y sobre ella, absorbería la ira de Dios. Esta ira justa no le pertenecía al Hijo, porque era la respuesta divina a nuestros pecados. No solo los pecados del cuerpo, sino también los pecados de la lengua. Cada palabra dura, odiosa, racista, opresiva, antipática, lujuriosa, manipuladora, codiciosa, celosa, arrogante, santurrona y complaciente que hemos pronunciado o pronunciemos alguna vez merece el santo juicio de Dios. Esta ira santa fue derramada en una copa, y el Hijo sabía que había venido del cielo a la tierra para este momento. Sabía que la copa sería derramada sobre Él. Y en ese momento, ¿qué hizo? Usó Sus palabras para hablar con Su Padre. «Padre, si es Tu voluntad, aparta de Mí esta copa; pero no se haga Mi voluntad, sino la Tuya» (Luc. 22:42). Jesús usó palabras obedientes.

Y luego, cuando estaba en esa cruz, después de que nuestros pecados y el juicio por ellos fueran puestos sobre el inocente Hijo de Dios, antes de entregar el espíritu, Jesús pronunció las palabras que te salvaron la vida: «¡Consumado es!» (Juan 19:30). Jesús usó palabras redentoras.

Hijos del Dios vivo, contemplen a Jesús. En Él vemos lo que es usar nuestras palabras de una manera que muestra a Dios como glorioso y honra la gloria de los portadores de imagen que Él ha creado.

DÍA | 46

> Por tanto, puesto que tenemos en derredor nuestro tan gran nube de testigos, despojémonos también de todo peso y del pecado que tan fácilmente nos envuelve, y corramos con paciencia la carrera que tenemos por delante, *puestos los ojos en Jesús*, el autor y consumador de la fe, quien por el gozo puesto delante de Él soportó la cruz, despreciando la vergüenza, y se ha sentado a la diestra del trono de Dios.
>
> HEBREOS 12:1-2, énfasis añadido

**MIENTRAS CORRES LA MISMA** carrera que el escritor de Hebreos, ¿qué te ayuda a perseverar? Espero que la respuesta sea Jesús. No sé hace cuánto que estás corriendo, pero si lo estás haciendo concentrado en cualquier otra cosa que no sea Cristo, no terminarás esta carrera.

Un verdadero ataque espiritual, en la forma de una tentación, te dice que la manera de perseverar ante el pecado es pecando. Si hay frustración sexual en el matrimonio, en lugar de solicitar más, algunos se vuelcan a la pornografía para lidiar con la constante desilusión o el rechazo. O mantenemos amistades inapropiadas, como una forma de lidiar con la soledad. O quizás se trate de una adicción como el alcoholismo o las redes sociales, que funciona como un agente entumecedor para nuestro corazón cansado. Pero te diré lo mismo que dijo Juan: «Hijos, aléjense de los ídolos» (1 Jn. 5:21). Esta carrera nunca será fácil, pero debemos dejar de lado el pecado que nos envuelve y el peso que nos entorpece, porque, ya sea que lo veas o no, estas cosas son un obstáculo en tu carrera.

Me temo que dentro de la iglesia, en la actualidad, hay muchos que hemos corrido sin Jesús tanto tiempo que ya ni siquiera estamos corriendo. Que Dios ablande cada corazón endurecido y cada conciencia cauterizada. La única manera de correr bien es mirar a Dios constantemente. ¿Cómo? Lo sabemos, ¿verdad? Sin embargo, te lo recordaré.

Hay un libro que se llama la Biblia. En él, encontrarás sesenta y seis libros que señalan a Dios, lo describen y lo explican. En el ministerio, es normal que la Biblia se transforme en una herramienta o un mero recurso, pero en realidad, tiene vida. Puede comunicarte algo nuevo con las mismas palabras. Léela para ver la bondad de Dios, Su ternura, Su fidelidad y Su belleza. Léela para recordar lo que Él piensa de ti y del mundo. Léela para recordarte lo que sucedió antes de nosotros y lo que pasará después. Léela para ver la vida, la muerte y la resurrección de Cristo.

Pero no solo eso; en realidad, debes creer lo que dice. Tenemos suficientes personas en la iglesia bien preparadas para manejar un pasaje de manera exegética, pero sin evidencia de que lo pongan en práctica. Debemos creer en la Biblia. Debemos creer en lo que Dios dijo sobre sí mismo, según Su Hijo lo reveló. Y a medida que seguimos aferrándonos a eso, terminaremos nuestra carrera.

DÍA | 47

... Dios dijo: «Habitaré en ellos, y andaré entre ellos; y seré su Dios, y ellos serán Mi pueblo». 2 CORINTIOS 6:16

**CUANDO TODO IBA BIEN** entre Dios y el hombre, había una unidad perfecta. Cercanía. Tal vez que Dios decidiera caminar por el jardín al aire del día, aun después de la invención del pecado, habla de esta curiosa intimidad. Poco después, porque Dios es santo y Adán ya no lo era, «el Señor Dios lo echó del huerto del Edén», y «expulsó, pues, al hombre» (Gén. 3:23-24). Distancia.

Pasan las generaciones, y esta dinámica del Dios santo a cierta distancia del hombre se hace evidente cuando el Señor llama a Moisés desde la zarza, y de inmediato le advierte: «No te acerques» (Ex. 3:5). Dios se revela como el Dios de los patriarcas de Israel, y Moisés se esconde, porque «tenía temor de mirar a Dios» (v. 6). En otro momento, Moisés pide ver la gloria de Dios. Él ofrece Su espalda, y no Su rostro, *«porque nadie me puede ver, y vivir»* (Ex. 33:20, énfasis añadido). Distancia.

Sobre aquella gran montaña, cuando Dios se acercó a hacer un pacto con un pueblo pecaminoso, volvió a advertir: «Desciende, advierte al pueblo, no sea que traspasen los límites para ver al Señor y perezcan muchos de ellos» (Ex. 19:21). Distancia.

Recuerda a Uza. Como estaban llevando el arca de manera precaria, los bueyes tropezaron y Uza extendió la mano para tocar el arca. «Y se encendió la ira del Señor contra Uza, y Dios lo hirió allí por su irreverencia; y allí murió junto al arca de Dios» (2 Sam. 6:7). Distancia.

Historia tras historia. Libro tras libro. Entre Génesis y Malaquías, está el testimonio del pueblo de Dios, incapaz de ver y tocar a Dios sin la amenaza y el ejercicio de juicio. El pecado es tan antinatural, tan diferente al Rey de gloria, que crea una distancia entre Dios y el ser humano. Tanto por decisión como por mandato.

Hasta que llegamos a Lucas 2. Respecto a María, el texto dice: «se cumplieron los días de su alumbramiento. Y dio a luz a su Hijo primogénito; *lo envolvió en pañales y lo acostó en un pesebre*» (vv. 6-7, énfasis añadido). Respecto a los pastores, el texto declara: «Fueron a toda prisa, y hallaron a María y a José, y al Niño acostado en el pesebre. Cuando lo *vieron*, dieron a saber lo que se les había dicho acerca de este Niño» (vv. 16-17, énfasis añadido).

Entiende el peso que esto conlleva. Para envolver a Jesús, había que *tocar* a Dios. Los pastores hablaron del Dios al que habían *visto*. El Verbo que era Dios se había hecho carne y habitaba en medio de ellos (Juan 1:14). Con razón Mateo elevó las palabras de Isaías cuando dijo: «"He aquí, la virgen concebirá y dará a luz un Hijo, y le pondrán por nombre Emmanuel"», que traducido significa: "Dios con nosotros"» (Mat. 1:23). ¿Te imaginas? El Dios santo acercándose a nosotros. El Dios santo habitando entre nosotros. Una bondad y una misericordia, todo en uno.

DÍA | 48

Los apóstoles dijeron al Señor: «¡Auméntanos la fe!». Entonces el Señor dijo: «Si tuvieran fe como un grano de mostaza, dirían a este sicómoro: "Desarráigate y plántate en el mar", y les obedecería». LUCAS 17:5-6

**CONSIDERA QUE LA FE** puede mover montañas y demonios. Sabemos que la fe es un recurso en muchos aspectos. Por gracia, a través de ella, hemos sido reconciliados con Dios. Es útil para echar nuestras ansiedades y hacer peticiones. El escritor de Hebreos se quedó sin lugar cuando intentaba explicar el poder de la fe. Y cómo, gracias a ella, los santos de antaño «conquistaron reinos, hicieron justicia, obtuvieron promesas, cerraron bocas de leones, apagaron la violencia del fuego, escaparon del filo de la espada. Siendo débiles, fueron hechos fuertes, se hicieron poderosos en la guerra, pusieron en fuga a ejércitos extranjeros» (Heb. 11:33-34).

Pero, como dije al principio de todo esto, la fe puede mover montañas y demonios. La fe es una forma de resistencia contra el maligno. Podemos cantar a todo pulmón sobre pisotearle la cabeza al diablo, pero si no tenemos fe, nuestra lucha será puras palabras y nada de poder. El apóstol Pablo habla de la fe como una parte de la guerra espiritual, diciendo: «Sobre todo, tomen el escudo de la fe con el que podrán apagar todos los dardos encendidos del maligno» (Ef. 6:16). Una armadura sin escudo es algo ridículo en todo sentido. Todo el cuerpo es una valla publicitaria para la muerte. La atrae con su falta de protección.

Los demonios tienen millones de misiles terribles para arrojar, todos apuntados a una cosa: tu fe. Su principal interés no es un matrimonio ni un ministerio, el salario o el intelecto de una persona; les arrojan dardos a estas cosas solo como un medio de llegar a la fe que influye sobre cada esfera. Cada dardo, cuando es arrojado, presenta un desafío para la forma en que el soldado ve a Dios. ¿Es acaso bueno? ¿Está cerca? ¿Me ve? ¿Me ama? ¿Incluso a mí? ¿Cumplirá Dios lo que dijo? ¿Salvará? ¿La Escritura tiene autoridad? Donde no hay fe, los dardos aterrizan y queman todo hasta los cimientos. Donde no hay fe, Dios no está contento. Porque ¿qué podría alegrar más a Satanás que una iglesia llena de personas que cantan sobre un Dios en el cual no creen? ¿Y que predican de un texto al cual no honran? Quizás, y tan solo quizás, la verdadera razón por la impiedad de esta nación es que tenemos demasiados soldados sin escudo, demasiados creyentes sin fe.

La buena noticia es que el escudo de la fe no se ganó, sino que se recibió. Es un regalo de parte de un Rey. Así que, incluso si lo dejaste de lado por una época, tan solo se requiere una semilla de fe tamaño mostaza para que vuelvas a levantarlo. El fundador y perfeccionador de tu fe es digno de tu confianza, tu convicción y tu dependencia. Cree en Él y toda flecha caerá. Cada dardo ardiente del maligno será extinguido por el escudo de la fe, porque la fe mueve montañas y demonios.

DÍA | 49

... «Padre, si es Tu voluntad, aparta de Mí esta copa; pero no se haga Mi voluntad, sino la Tuya». LUCAS 22:42

**UNA COSA ES SABER** que Dios puede, y otra cosa, que Dios quiere. Lo digo después de leer acerca de los tres muchachos hebreos en Daniel 3. Después de desafiar la orden de Nabucodonosor de adorar una tonta imagen que había erigido, el rey los confrontó con la amenaza de un horno ardiente. Si, por alguna insolencia extranjera, decidían permanecer de pie cuando todos los demás se inclinaban, y en silencio cuando todos los demás adoraban, el juicio por ello sería que sus cuerpos se transformarían en cenizas. Sus cuerpos.

Estos muchachos con esos cuerpos eran conocidos por una imagen que ningún hombre puede ver sin morir. Habían heredado historias y recordaban cosas sobre este Dios, su Dios, Yahvéh. En el exilio, probablemente repasaban lo que se decía sobre Su presencia en la zarza, el dar a conocer Su nombre y la futura liberación de Su pueblo con muchas señales y maravillas. Después vinieron el pacto y el desierto, la rebelión y el exilio, pero Dios, su Dios, no había cambiado ni un poquito.

Con esa clase de historia con Dios, ¿por qué les preocuparía un rey narcisista y un horno ardiente? Dios, su Dios, había vencido a poderes políticos y a los elementos muchas veces. Entonces, era más que capaz de hacerlo otra vez, pero ¿querría hacerlo? En respuesta a la amenaza que recibieron, se pusieron firmes y dijeron: «Ciertamente nuestro Dios a quien servimos puede librarnos del horno de fuego ardiente. Y de su mano, oh rey, nos librará. Pero si no lo hace, ha de saber, oh rey, que no serviremos a sus dioses ni adoraremos la estatua de oro que ha levantado» (Dan. 3:17-18). Tenían fe en dos direcciones: fe en el poder de Dios —es decir, en Su capacidad para salvar—, y fe en la libertad de Dios para elegir para ellos la salvación o la muerte.

El contentamiento con lo segundo es la prueba para muchos. Muchísimos corazones se han endurecido cuando la voluntad de Dios no ha coincidido con la de ellos. Sabemos que Él puede sanar, pero si no lo hace, ¿seguirás adorando? Sabemos que puede bendecir de diversas maneras, pero cuando, en cambio, elige la bendición que duele, ¿estás dispuesto a amarlo igual?

Es una píldora difícil de tragar, lo sé, pero Jesús bebió toda la copa. Él también confió en el Padre en ambas direcciones. Aunque sabía que, con un solo llamado al cielo, doce legiones de ángeles acudirían en Su ayuda. Dios podía pasar de Él la copa, y Jesús, más que nadie, conocía el poder de El Shaddai. Aun así, dijo algo que haríamos bien en repetir: «pero no se haga Mi voluntad, sino la Tuya» (Luc. 22:42).

DÍA | 50

«Mira, nosotros lo hemos dejado todo y
te hemos seguido...». MATEO 19:27

**DIOS ES BUENO EN** todas las cosas, especialmente, en el arte de la interrupción. Interrumpió el viaje de Pablo y el caminar de Jacob. Interrumpió el orgullo de Nabucodonosor y el sacrificio de Abraham. Dios se hizo carne, habitó entre los hombres y, como era Su costumbre, siguió interrumpiendo cosas. Los primeros discípulos experimentaron esto, cuando un día normal y tranquilo, Jesús vino a sus vidas y las transformó en algo distinto. Y no en algo que no era vida, sino en algo que era vida como debía serlo. Una vida con Él.

Para los discípulos, la interrupción llegó con una sola palabra:

«Sígueme».

Siempre me he preguntado cuál habrá sido el tono. Como no pudimos escucharlo, no sabemos si fue un llamado urgente o tranquilo, contundente o algo más. Lo que sí sé es que no fue una sugerencia ni un pedido, sino un mandato. Algo parecido a: «¡Lázaro, sal fuera!». Y: «Sea la luz».

Cuando Dios habla, las cosas se mueven, incluidas las personas. Al sonido de Su voz, Simón y Andrés «dejando al instante las redes, lo siguieron» (Mat. 4:20). Y Jacobo y Juan dejaron inmediatamente el barco y a su padre y lo siguieron. Leví «dejándolo todo, se levantó y lo seguía» (Luc. 5:28). Es extraño, quizás, que el mandato de Jesús no venía con instrucciones adicionales, pero tal vez, por fe, ellos sabían lo que implicaba. Cada uno de ellos «dejó» algo. Sus redes, sus barcos, su padre, *todo*. Dejaron todo. Con el tiempo, Jesús les dijo: «Y todo el que haya dejado casas, o hermanos, o hermanas, o padre, o madre, o hijos o tierras por Mi nombre, recibirá cien veces más, y heredará la vida eterna» (Mat. 19:29).

Con una palabra, Jesús se transformó en Rey. Una convocatoria. Sus vidas, tal como las conocían, se unieron a la de Él. Con razón el mundo y los que aman el mundo consideran que «Sígueme» es una especie de maldición. Lo escuchan y piensan en todas las cosas brillantes que tendrían que dejar atrás. Y tienen razón. Jesús es el Amo o no es nada. Si en algún momento crees que «Jesús y alguna otra cosa» es una posibilidad viable, has escogido la senda ancha. Como Rey, Él es digno de nuestra plena lealtad, y como Salvador, ha provisto la manera de escapar del pecado —y, por lo tanto, las mentiras— que evitan que veamos el camino de dejar todo como la senda del gozo.

Pablo lo descubrió. Después de alejarse de las cosas brillantes, se dio cuenta de lo carente de valor que era todo cuando lo comparó con Aquel por el cual lo estaba dejando atrás. Declaró: «yo estimo como pérdida todas las cosas en vista del incomparable valor de conocer a Cristo Jesús, mi Señor» (Fil. 3:8). Lado a lado con Jesús, el mundo parece más opaco de lo que pensábamos. Menos interesante de lo que estimábamos. Pero, con Jesús, no importa con qué ni con quién lo comparemos, Su gloria gana siempre. Así que, sea lo que sea tu «todo», déjalo y sigue al Rey.

DÍA | 51

Procura con diligencia presentarte a Dios aprobado, como obrero que no tiene de qué avergonzarse, que maneja con precisión la palabra de verdad. 2 TIMOTEO 2:15

**SANTIAGO DIJO UNA PALABRA** sabia aunque desalentadora cuando sugirió: «que no se hagan maestros muchos de ustedes» (Sant. 3:1). En mi opinión, para cualquier amante de la Escritura, la enseñanza parece una empresa valiosa. Abrir el texto en un púlpito o una sala de estar para discernir su significado y aplicaciones, todo esto funciona para «capacitar a los santos para la obra del ministerio», y «para la edificación del cuerpo de Cristo» (Ef. 4:12). Esta habilidad es un regalo y una gracia y, para algunos, un llamado.

Entonces, volvamos al principio. Si un maestro es algo bueno y necesario, agraciado y talentoso, ¿por qué muchos no deberían ser maestros? El final del versículo brinda la respuesta: «que no se hagan maestros muchos de ustedes, sabiendo que recibiremos un juicio más severo» (Sant. 3:1). Es posible que Santiago tuviera su mirada en aquellos dentro de una congregación que tienen un celo por la enseñanza, no porque quieran capacitar a los santos sino porque quieren la honra que viene con la enseñanza. El maestro de la doctrina cristiana era, en cierto sentido, una nueva versión del rabino judío. La élite venerada, los maestros de la ley, explicaban la gloria y la recibían. Esto en detrimento de su propia alma a veces, «porque amaban más el reconocimiento de los hombres que el reconocimiento de Dios» (Juan 12:43). Un congregante codicioso creará una estrategia para recibir gloria imitando un don que no tiene o prostituyendo los que sí tiene.

Sospecho que hoy, más que nunca, este ajetreo infernal es más fácil. Mira a tu alrededor y observa todas las opciones, afuera de una congregación local, que deberían tener sistemas establecidos para desarrollar o retener la práctica de dicho don. Pero con internet, lo único que necesita uno para enseñar es un teléfono y una boca. Si ahora es más fácil transformarse en «maestro» que en aquel entonces, también habrá más personas que comparecerán ante el Santo y recibirán un juicio para el cual no estaban preparadas. Si no son los predicadores de las redes sociales, son los líderes de estudios bíblicos, los profesores de seminarios y maestros de escuela dominical. Cada espacio está construido de tal manera que hay una persona considerada el maestro, y Santiago quiere que los santos sepan que *esto tal vez no sea lo que quieres.* No es para que nadie tenga miedo, sino para generar reverencia.

Dicho esto, sea cual sea el don que has recibido, si es el de maestro, toma en serio la advertencia del hermano de nuestro Señor. Si es otra cosa, ora por los maestros que conoces y por los que quieren ser conocidos. En el nombre de Jesús, amén.

DÍA | 52

Ten piedad de mí, oh Dios,
conforme a Tu misericordia;
conforme a lo inmenso de Tu compasión,
borra mis transgresiones.
Lávame por completo de mi maldad,
y límpiame de mi pecado.
[...] Contra Ti, contra Ti solo he pecado,
y he hecho lo malo delante de Tus ojos
[...]. Yo nací en iniquidad,
y en pecado me concibió mi madre.
[...] Crea en mí, oh Dios, un corazón limpio, y
renueva un espíritu recto dentro de mí.
[...] Los sacrificios de Dios son el espíritu contrito;
al corazón contrito y humillado, oh Dios,
no despreciarás. SALMO 51:1-2, 4, 5, 10, 17

**DESPUÉS DE SU PECADO** con Betsabé, David se arrepintió con una canción, como se registra en el Salmo 51. Una poesía o verso memorable, para el cual Fred Hammond creó una melodía, fue el pedido de David de que Dios creara en él un corazón limpio. Después de que Natán lo confrontara y de que el Espíritu lo llenara de contrición, David encontró refugio en la verdad de quién era él y de qué significaba eso. «Yo nací en iniquidad, y en pecado me concibió mi madre» (v. 5).

Había una razón detrás de la conducta de David. El pecado en el cual había nacido lo llevó a ver a Betsabé meramente como un cuerpo, y no como una portadora de imagen. A elegir la lujuria en lugar del legado. A deshonrar al Señor de los ejércitos, que podía darle la victoria sobre la terraza (si tan solo se lo hubiera pedido), así como se la dio en el campo con la honda y las piedras lisas.

Esta clase de conocimiento personal fomenta el arrepentimiento. Si el pecado es de otra persona, entonces el culpable no es realmente el culpable. Como Adán, que levantó el dedo contra Dios como si Él fuera el culpable de que Adán hubiera confiado en el diablo: «La mujer que *Tú* me diste por compañera me dio del árbol, y yo comí» (Gén. 3:12, énfasis añadido). David entiende, como a menudo lo hace este santo quebrantado, que «el querer está presente en mí, pero el hacer el bien, no» (Rom. 7:18). Su pecado era suyo solo, y era endémico a su naturaleza.

Ahora, presta atención. Este grado de confesión e introspección es una suerte de invitación para la serpiente astuta. Una vez que sabe que te conoces a ti mismo, coloca en tu mente la idea de que nunca podrás cambiar tu forma de ser. Lo que empieza como una introspección saludable se transforma en una preocupación desmesurada por uno mismo en lugar de por el Hijo de Dios. La meditación de tu corazón se centra en tu fracaso y no en la fidelidad de Cristo. En tu debilidad, y no en la fortaleza de Cristo. La vergüenza que sientes se transforma en lo único que ves. Y el subproducto de adorar a la vergüenza es que engendra más pecado. Simplemente porque la vergüenza no es tu salvadora. Jesús es tu Salvador.

Si esa es la realidad —y la es—, debemos acatar la exhortación de Hebreos que nos dice que miremos a Jesús, fijemos y mantengamos nuestra mirada en Él. El cual, podría añadir, es el Creador de todas las cosas, y eso te incluye. Incluye al que nació y fue formado en iniquidad. Al que no tiene nada inherentemente bueno. Al arrepentirse, David le pidió a Dios que hiciera un milagro en él. Si el Señor creaba un nuevo corazón en David, él sería un hombre nuevo. La profundidad de su autoconciencia podría haberse transformado en una vergüenza ensimismada, pero abrió la puerta para una petición orientada a Dios. David sabía que, si era tan pecaminoso como sabía que era, entonces solo Dios podía transformarlo en lo que necesitaba ser. Por lo tanto, nuestra esperanza no está dentro de nosotros sino ante nosotros, en Cristo, el cual hace nuevas todas las cosas, incluido nuestro corazón.

DÍA | 53

Mantengamos firme la profesión de nuestra esperanza
sin vacilar, porque fiel es Aquel que prometió.

HEBREOS 10:23

**EL CINISMO ES FÁCIL.** No hace falta un gran esfuerzo para ver lo que está mal con todo y con todos, y permitir que eso nos amargue. La esperanza, sin embargo, es difícil. Tal vez porque es algo celestial. La tierra nos ha ido desgastando. Nos ha sugerido, a través de cosas como el abandono y las expectativas fallidas, que la esperanza es lo mismo que una vana ilusión. Sin embargo, es más que eso. Como explica un libro muy útil: «La esperanza nos permite seguir viviendo. Nos permite anticipar que las cosas mejorarán. La vida mejorará, y los problemas que nos asedian llegarán a una etapa de resolución».[10]

Tal vez incluso ahora, después de leer esa frase, sonreíste burlonamente, tal como el escéptico en el cual esta tierra te transformó. Estoy segura que fue por eso que el apóstol Pablo no solo recomendó la esperanza, sino que también oró para que la iglesia fuera llena de ella. Pablo escribió: «Y el Dios de la esperanza los llene de todo gozo y paz en el creer, para que abunden en esperanza por el poder del Espíritu Santo» (Rom. 15:13). ¿Ves cuál es la fuente? El Dios de la esperanza. ¿A través de qué poder? El Espíritu Santo, el cual nos ayuda a abundar en ella.

Para este punto, creo que es sabio reconocer la guerra espiritual, aun en las discusiones sobre la esperanza. Solo el diablo, que no tiene esperanza, podría influenciar a los santos, los redimidos de Dios, unidos con Cristo y vivos por Su Espíritu, a creer que *ellos* no tienen esperanza. Que no hay una vida abundante para vivir. Que las cosas no cambian ni crecen ni se transforman. El que no tiene esperanza sería un realista si la tumba no estuviera vacía. «Y si Cristo no ha resucitado, la fe de ustedes es falsa; todavía están en sus pecados. Entonces también los que han dormido en Cristo están perdidos. Si hemos esperado en Cristo para esta vida solamente, somos, de todos los hombres, los más dignos de lástima» (1 Cor. 15:17-19). Si viviéramos aquí, con todos los dolores y preocupaciones de este mundo, y eso fuera *lo único* que hay. Nada de calles de oro y declaraciones de «santo, santo, santo». Ningún cuerpo glorificado en una ciudad sin lámparas y con abundante luz. Nada de venganza sobre los malvados, incluidos aquellos que despedazaron nuestros deseos, pisotearon nuestras expectativas e hicieron que fuera difícil esperar algo bueno. Si eso fuera lo único que hay, la esperanza sería el lenguaje de los necios.

Pero, felizmente, la esperanza no es el lenguaje de los necios. Felizmente, es la fortaleza de los sabios, así que resistimos al maligno y la consideración de sus mentiras. Lo hacemos al regocijarnos en la esperanza (Rom. 12:12) porque, al hacerlo, creemos que «la esperanza no desilusiona, porque el amor de Dios ha sido derramado en nuestros corazones por medio del Espíritu Santo que nos fue dado» (Rom. 5:5). Y nuestra esperanza —es decir, Cristo— no es ninguna vana ilusión; más bien, fortalece a los débiles y produce águilas en la tierra: «Pero los que esperan en el Señor renovarán sus fuerzas. Se remontarán con alas como las águilas, correrán y no se cansarán, caminarán y no se fatigarán» (Isa. 40:31).

DÍA | 54

«Fortaleceré la casa de Judá y la casa de José salvaré, y los haré volver porque me he compadecido de ellos. [...] Porque Yo soy el Señor su Dios, y les responderé».

ZACARÍAS 10:6

**¿ALGUNA VEZ EXPERIMENTASTE UNA** circunstancia que Dios permitió que soportaras y que te desalentó al punto de que te resultó natural pensar lo peor de Dios? ¿Que no es bueno? ¿Que no le importa?

Esas ideas y desánimos no son nada nuevo. Cuando la serpiente confrontó a Eva en el jardín, no solo puso en duda la palabra de Dios, sino también Su naturaleza. La engañó al decirle que podía comer del árbol porque «Dios sabe que el día que de él coman, [...] serán como Dios» (Gén. 3:5). Como si Dios estuviera reteniéndole a Eva algo bueno. Cuando, en realidad, Sus restricciones eran una protección.

O considera a Cristo. Cuando Jesús estaba en el desierto, ayunando durante cuarenta días y cuarenta noches, el diablo se acercó a Él y le dijo: «Si eres Hijo de Dios, ordena que estas piedras se conviertan en pan» (Mat. 4:3). «Si eres el Hijo de Dios,

¿por qué tienes hambre? Aprovecha tu poder divino y aliméntate, ya que tu Padre no te ha alimentado». El diablo probó con Jesús la estrategia con la que tuvo éxito con Eva, la cual se trataba de tentar al Hijo de Dios a que desconfiara del cuidado divino.

Y, a veces, este tono acusador no viene directamente de la boca del diablo. A veces, viene de aquellos que él ha influenciado y tentado, aquellos que caminan según su lógica sin saberlo. Cuando los discípulos estaban en una barca azotada por las olas, Jesús dormía en la parte de abajo. Ellos fueron a despertarlo, sin peticiones sino con acusaciones, diciendo: «Maestro, ¿no te importa que perezcamos?» (Mar. 4:38). ¿Importarle? La única razón por la que vino a la tierra fue que le importó. «Porque de tal manera amó Dios al mundo, que dio a Su Hijo unigénito, para que todo aquel que cree en Él, no se pierda, sino que tenga vida eterna» (Juan 3:16). Y no solo le importa tu alma, sino también lo que a ti te importa. Todas las preocupaciones que te desvelan. Mediante la pluma de Pedro, Su Espíritu dijo: «Echen toda su ansiedad sobre mí, porque yo tengo cuidado de ustedes» (1 Ped. 5:7, adaptado). No solo te ama, sino que tiene cuidado de ti.

Y eso, amigo, es lo que la carne y el diablo pondrán en duda mediante el desánimo. El diablo quiere que creas que en realidad no le interesas al Dios que murió por ti. Y te exhorto con lo siguiente: el diablo es un mentiroso. Si hay algún ser que no se interesa por ti, es él. Pero tu Señor, tu Dios, te ama con amor inagotable. Él es «el Señor, el Señor, Dios compasivo y clemente» (Ex. 34:6).

DÍA | 55

Pero recibirán poder cuando el Espíritu Santo venga
sobre ustedes... HECHOS 1:8

**ANTES DE QUE JESÚS** ascendiera al Padre, prometió un ayudador (Juan 15:26). Poco después, los discípulos estaban reunidos en un solo lugar. Hubo un sonido, como un viento violento desde el cielo. Y sobre ellos, descansó algo parecido a lenguas de fuego. Y también hubo una llenura. El Espíritu Santo se manifestó, de manera similar a lo que Jesús había dicho: «El viento sopla por donde quiere, y oyes su sonido, pero no sabes de dónde viene ni adónde va; así es todo aquel que es nacido del Espíritu» (Juan 3:8).

Después de esta llenura, no corrieron ni gritaron ni lloraron; empezaron a hablar. De cada boca, salía una nueva lengua. Y a medida que surgían las frases, los idiomas de las naciones, y no los de ellos, se iban sucediendo. Las maravillas de Dios tenían un sonido, y muchos oídos las escucharon. No hay tiempo para atascarse con las controversias doctrinales que surgen de textos como este. Al punto de que se nos nubla la mirada, y nos perdemos glorias específicas. Por ejemplo, Santiago nos dijo: «También la lengua es un fuego, un mundo de iniquidad [...] Porque toda clase de fieras y de aves, de reptiles y de animales marinos, se puede domar y ha sido domado por el ser humano, pero ningún hombre puede domar la lengua. Es un mal turbulento y lleno de veneno mortal» (Sant. 3:6-8). Sin embargo, aquí, en este cuarto, con esta congregación de personas, vemos que el Espíritu Santo doma lo que no se puede domar. Una lengua de fuego que imparte vida celestial en lugar de veneno terrenal. Al igual que un perro con correa, un barco con timón, un caballo con un freno, la lengua encontró a su Amo cuando el Espíritu Santo llenó la habitación.

Llegará la mañana en la que no hayas descansado como querías y no tengas la energía que pensabas que necesitabas y, cuando eso suceda, la lengua se transforma en un fósforo, la carne en llamas. Tal vez será la semana próxima, cuando una persona, cualquier persona, te tiente a olvidar el cielo, pero te tragues la llama y observes el humo. Considera ese silencio como un holocausto. La respuesta suave como una adoración. Nada de esto es posible si el viento no llega.

La única manera de controlar lo incontrolable es ser lleno de un Poder externo. Es decir, el Espíritu Santo. Y cuando Él llega a la habitación y la boca se abre, el sonido es gozoso, pacífico, paciente, benigno, bondadoso, bueno y lleno de dominio propio y amor. Todo lo que el Espíritu es también es aquello que puede darnos el poder para hablar.

DÍA | 56

Pero tenemos este tesoro en vasos de barro, para que la extraordinaria grandeza del poder sea de Dios y no de nosotros. 2 CORINTIOS 4:7

**CADA DÍA DE NUESTRAS** vidas sucede algo que nos recuerda nuestra fragilidad. Algunos empiezan el día con tantas cargas que no pueden contarlas. ¿Alguna vez dormiste sin descansar, y despertaste con un cuerpo que parecía pesado? ¿Alguna vez te hablaron o hablaron de ti de una manera que Dios no aprobaría, y todo porque no solo te gusta Su nombre, sino que también lo amas? Una vez que una persona decide hacer guerra contra el reino de oscuridad, los esclavos de ese reino se levantan a defenderlo por todos los medios necesarios. A veces, esto nos pesa. Es esa sensación incómoda de saber que alguien te detesta por amarlo.

Fuera de la hostilidad que experimentamos de parte de aquellos que, en última instancia, son ciudadanos de este mundo, hay muchísimas otras cosas que dejan en evidencia nuestra debilidad y los límites de nuestra humanidad. La aflicción es algo diverso. Un día, le llega la muerte a alguien que amábamos y que quería quedarse. Otro, el cuerpo empieza a fallar, poco a poco, porque todavía no está glorificado. Después, la semana siguiente, se termina el maná, se pierde el trabajo, la economía se va a pique, el esposo se va o la mente de la esposa se extravía. Si estas pruebas suceden todas al mismo tiempo, clamamos para ser libres de este lugar. Y tal vez ya lo hicimos, y Dios respondió: «Todavía no». De cualquier manera, la tierra no es el cielo, y lo sabemos.

Pero ¿adivina qué? Tampoco es el infierno. Hay una gloria mayor, una luz resplandeciente, un Rey bueno y un Salvador maravilloso que nos salvó. Nos dio el poder para pisotear serpientes y negarnos a la carne. Cuando lo hacemos, a veces duele. Y otras veces, ayudamos a los que les duele. ¿No es curioso tener poder y debilidad en el mismo cuerpo? Pero así son las cosas.

El apóstol declaró: «[Estamos] afligidos en todo, pero no agobiados; perplejos, pero no desesperados; perseguidos, pero no abandonados; derribados, pero no destruidos. Llevamos siempre en el cuerpo por todas partes la muerte de Jesús, para que también la vida de Jesús se manifieste en nuestro cuerpo» (2 Cor. 4:8-10). Los vasos de barro se agrietan con facilidad. Pero, cuando lo hacen, se puede ver lo que llevan dentro. Gloria sea al Dios todopoderoso porque, incluso cuando nos agrietamos, no nos romperemos.

DÍA | 57

> Si somos infieles, Él permanece fiel, pues no puede
> negarse Él mismo. 2 TIMOTEO 2:13

**CUANDO MIRIAM SE FUE** a estar con Dios, en Números 20, el pueblo volvió a quejarse. Esta vez, por el agua, otra vez. Una de las primeras ocasiones en las que la sed les hizo volver el rostro fue apenas unos capítulos atrás, en Éxodo 17. Como no tenían agua, armaron un alboroto. Entonces, Moisés clamó a Dios por este pueblo, y Dios le respondió con el mandato sencillo de *golpear* la roca (v. 6). Cuando Moisés lo hizo, salió agua y sació a la nación.

Como si fuera una tradición para Israel olvidarse de Dios cuando tenían sed, uno esperaría que Números 20 resultara igual que Éxodo 17. Dos historias distintas con los mismos personajes, excepto que, cuando este pueblo se quejó, Moisés no clamó. Una distinción que vale la pena hacer, porque implica que Moisés no abogó por el pueblo. No invocó al Dios de su corazón para que lo llenara primero antes de satisfacer a los demás.

Olvidamos al Moisés que encontramos en Egipto en Éxodo 2: el Moisés que tomó cartas en el asunto una vez y asesinó a un hombre como mediador en la carne (vv. 11-15). Ese Moisés de

Éxodo 2 seguía estando en el de Éxodo 17, pero lo que lo mantenía a raya y contenía toda su ira era la oración. Si contamos la cantidad de veces que se dice que Moisés clamó al Señor, y la manera en que esta historia termina, tiene todo el sentido del mundo. Porque, cuando el pueblo se quejó *esta* vez, el Moisés de Números 20 tal vez se haya postrado sobre su rostro delante del Señor, pero no dijo nada. Dios habló primero, y le dijo: «Toma la vara y reúne a la congregación, tú y tu hermano Aarón, y *hablen a la peña* a la vista de ellos, para que la peña dé su agua. Así sacarás para ellos agua de la peña, y beban la congregación y sus animales» (Núm. 20:8, énfasis añadido).

Moisés toma la vara, reúne al pueblo y, entonces, por primera vez en este relato, habla. Y *no a la peña,* sino al pueblo: «Oigan, ahora, rebeldes. ¿Sacaremos agua de esta peña para ustedes?» (v. 10). Las palabras de un hombre que se postró delante de Dios pero que volvió a pararse sin haberle rogado nada (v. 6). Desde este lugar de ira arrogante, Moisés toma la vara y golpea la roca no una vez, sino dos. El enojo nunca se mitiga con facilidad.

Aunque Moisés no hace lo que Dios le mandó, al golpear en vez de hablar, el agua igualmente sale en abundancia. Es decir, si Dios ha determinado bendecir a Su pueblo, los pecados del líder no se interpondrán ante la gracia de Dios. También quiere decir que habrá momentos, y probablemente ya hubo, en los que imitaste la obediencia. Tomaste la vara, te acercaste a la peña pero la golpeaste en vez de hablarle, y el agua salió igual. Esto debería recordarte que, si Dios ha determinado bendecir a Su pueblo, lo hará a pesar de tu desobediencia. Su misericordia para los demás nunca dependió de tu perfección. El pueblo de Dios recibió el agua no por algo que Moisés hubiera hecho o dejado de hacer, sino porque Dios es fiel.

Esa es la parte hermosa. Dios es fiel para suplir las necesidades de las personas pecaminosas. Pero puedes estar seguro de que también fue fiel para disciplinar los errores de los líderes del pueblo. Las palabras de Pablo son muy pertinentes: «sino que golpeo mi cuerpo y lo hago mi esclavo, no sea que habiendo predicado a otros, yo mismo sea descalificado» (1 Cor. 9:27). Solo la fidelidad de Dios es la esperanza del rebaño y la esperanza del líder.

DÍA | 58

> Pero tú, cuando ores, entra en tu aposento, y cuando hayas cerrado la puerta, ora a tu Padre que está en secreto... MATEO 6:6

**ELIGE UN EVANGELIO, TAL** vez Lucas o Marcos, léelo de una sentada y toma nota del ritmo de la vida de Jesús. Apenas transformó el agua, no paró de estar ocupado. En un momento, estaba liberando cuerpos de los demonios que los poseían. Al siguiente, estaba sanando a los enfermos de fiebre, lepra, ceguera y corazones entenebrecidos. Y, en medio de todo esto, Jesús predicaba. Sobre Él, el Ungido. Sobre el Padre, Aquel que lo envió. Y, vale la pena aclarar, todo este trabajo no estaba centralizado en una sola ciudad. Jesús estaba en Nazaret, en Caná, en Cesarea de Filipo, en Betania, en Capernaúm. Siempre que iba a trabajar a un nuevo lugar, viajaba a pie. El Dios itinerante terminó siendo conocido por muchos por la belleza (y la controversia) que llevaba a cada lugar.

Con todo eso en mente, versículos como este son asombrosos: «Su fama se difundía cada vez más, y grandes multitudes se congregaban para oír a Jesús y ser sanadas de sus enfermedades. Pero con frecuencia Él se retiraba a lugares solitarios y oraba»

(Luc. 5:15-16). Por momentos, Jesús abandonaba la obra para estar con Dios.

Si fuera un misionero en nuestra época, algunos tal vez sugerirían que hiciera lo opuesto. Por supuesto, no lo alentarían a dejar de orar. Eso es evidentemente anticristiano, ¿no? Pero lo que harían, como hacen con cualquiera que participe del ministerio cristiano, es imponerle demandas, expectativas y presiones ministeriales para que tuvieran que ver más con la obra que con la intimidad necesaria para llevarla a cabo.

¿Cuántos de nosotros estamos tan ocupados en el nombre de Jesús que abandonamos a Jesús? Tan cargados organizando esto, ofreciéndonos como voluntarios para aquello, escribiendo esto, enseñando por ahí, encontrándonos con tal amigo, asistiendo a ese evento, cambiando este pañal, escuchando a alguien que discipulamos, que ya ni siquiera tenemos el poder o el gozo de ser como Jesús en todo lo que hacemos. Y no pases por alto el texto. Dice: «grandes multitudes se congregaban para oír a Jesús y ser sanadas de sus enfermedades». Es decir, había infinitas oportunidades para que el Cristo supliera las necesidades legítimas de las personas.

Pero no podía permitir que las necesidades de los demás tuvieran más influencia sobre Su tiempo que la intimidad con Su Padre. El Cristo que nos dijo que permaneciéramos en Él permanecía en el Padre. El Cristo que les enseñó a orar a los discípulos oraba al Padre. El Señor del día de reposo descansaba literalmente en el Padre. «Uno podría argumentar —escribe un pastor— que el Jesús plenamente humano pudo vivir la vida que vivió debido al tiempo constante y a la energía que invertía en estar con el Padre en oración».[11]

Dios nos ha llamado a hacer mucho. Es una gracia ser obrero en una cosecha abundante, pero es necesario dedicar tiempo y crear ritmos en los que nos retiramos de la multitud, encontramos un lugar apartado y no hacemos nada más que orar.

DÍA | 59

Miren cuán gran amor nos ha otorgado el Padre: que seamos llamados hijos de Dios. Y eso somos... 1 JUAN 3:1

**DIOS TE AMA. LO** escuchamos tanto que tal vez haya perdido su significado. Lo increíble de esto no nos impacta como antes. Todo el mundo usa esa palabra para explicar lo que siente sobre cualquier cosa. «Amo este color». «Amo esa canción». «Amo este libro». Tal vez porque es una palabra usada por tantos humanos, cuando Dios la dice, pensamos que la usa igual que nosotros. Sin embargo, no lo hace ni jamás lo hará.

El amor de Dios es un amor trascendente, santo, inimaginable. Y la única razón por la que tenemos un concepto de amor es que Dios existe. «El amor es de Dios», y «Dios es amor» (1 Jn. 4:7-8). La primera vez que aparece en la Escritura es cuando Dios prueba a Abraham y le dice: «Toma ahora a tu hijo, tu único, a quien amas» (Gén. 22:2). Algo que, por supuesto, vislumbra las palabras de Jesús a Nicodemo: «Porque de tal manera amó Dios al mundo, que dio a Su Hijo unigénito, para que todo aquel que cree en Él, no se pierda, sino que tenga vida eterna» (Juan 3:16).

Una evidencia del amor de Dios que supera a cualquier amor que hayamos conocido es que el amor de Dios es más que palabras. Las palabras son fáciles. Una colección de letras a las que adjudicamos significado y las arrojamos como si fueran confeti. Decimos cosas que no queremos decir y decimos otras cosas en serio. Pero, en el caso de Dios, Su Palabra siempre se corresponde con Sus intenciones y Su naturaleza, «así será Mi palabra que sale de Mi boca, no volverá a Mí vacía sin haber realizado lo que deseo, y logrado el propósito para el cual la envié» (Isa. 55:11). Dios nos amó en palabra y en obra y lo probó al sacrificar a Aquel que siempre amó. «Pero Dios demuestra su amor para con nosotros, en que siendo aún pecadores, Cristo murió por nosotros» (Rom. 5:8).

Piénsalo otra vez, esa palabra: *pecadores*. Esa colección de personas que nacieron en oposición al amor y la ley de Dios. A la luz y la vida. Ningún pecador merece el amor de Dios de la manera que Él lo ha probado, pero lo recibimos de todas formas. Una misericordia, sí. Su amor también.

Incluso ahora, tal vez estés pensando —pero no te atrevas a decirlo en voz alta— en que ya sabes todo esto. El amor que motivó el sacrificio del Hijo por los pecadores. Pero aun si conoces el amor de Dios, ¿con cuánta profundidad lo conoces? ¿Sabes que sobrepasa todo conocimiento? ¿Que necesitas fuerza para comprenderlo? ¿Que hay una anchura, una longitud, una altura y una profundidad del amor de Dios que, en comunión con todos los santos, te llenará de toda la plenitud de Dios (Ef. 3:18-20)? Hay una diferencia entre conocer sobre el amor de Dios y *conocer* el amor de Dios. Y la buena noticia es que, ya sea que lo conozcas o no, Dios igual te ama.

DÍA | 60

Pues, ¿quién es Dios, fuera del Señor?
¿Y quién es roca, sino solo nuestro Dios?

SALMO 18:31

**TODOS LOS DÍAS, NOS** despertamos para adorar. Sin embargo, lo que adoramos no siempre es lo mismo. A veces, edificamos un altar y ofrecemos sacrificios a un dios diferente de Aquel que hizo los cielos y la tierra. A veces se trata de un trabajo; otras, de una persona. A veces, es una cosmovisión que los apóstoles no afirmarían. Otras, es una mentira que nos hemos hecho adictos a creer.

El verdadero Dios, el Creador de todo lo que hay, sigue siendo misericordioso. Sabe que todo lo que no sea Él es apenas arena. Se mueve, cambia. Fluye como los océanos. Es mutable, como nosotros. Esto quiere decir que nada es seguro. Ni el trabajo, ni la familia, ni la fama, ni el estatus ni el cuerpo... nada es tan sólido como parece. Por eso no podemos construir sobre eso y esperar cualquier cosa que no sea inestabilidad. «Todo el que oye estas palabras Mías y no las pone en práctica, será semejante a un hombre insensato que edificó su casa sobre la arena; y cayó la lluvia, vinieron los torrentes, soplaron los vientos y azotaron aquella casa; y cayó, y grande fue su destrucción» (Mat. 7:26-27). Esta es la parte en la que deberíamos detenernos y considerar la misericordia del sufrimiento. Las pruebas son como la mano pesada de Dios, que sacuden nuestros pequeños reinos sin permiso. El sufrimiento filtra y santifica al exponer la insuficiencia de las cosas creadas que tienen nuestra confianza y, al mismo tiempo, revelar en dónde hay incredulidad. Cuando esto ocurre, los cimientos debajo de nosotros se mueven. Es desorientador descubrir que el suelo debajo de tus pies no es lo suficientemente fuerte como para sostenerte. Tus problemas —más que eso, tus pecados— son demasiado pesados como para que algo de este mundo pueda manejarlos.

Esta es una buena noticia. La destrucción de un reino falso es la gracia de Dios en acción. ¿Cómo lo sé? Porque cuando todo lo demás se cae, cuando todos los tronos alrededor de los cuales has construido tu vida se transforman en la arena que siempre fueron, ¿adivina quién queda en pie? El Rey de gloria. El Dios inmutable, inquebrantable y siempre fiel. ¿Por qué otra razón los salmistas lo llaman constantemente una «roca», una «torre fuerte» y un «refugio»? Porque en Él y solo en Él hay estabilidad eterna. En Él, llegas a un Reino que no se puede conmover. Cuando llega la lluvia y sopla el viento, la casa permanece. Por eso, el himnólogo escribió:

> *Mi esperanza firme está*
> *En Cristo mi justicia y paz;*
> *Por ser Su nombre dulce y fiel*
> *En mi Jesús descansaré.*

*Cristo es la Roca eternal,*
*No hay otra base en que confiar,*
*No hay otra base en que confiar.*[12]

Cuando llegue la mañana, cántalo a viva voz. Cuando llegue la noche, vuelve a cantarlo. Recuerda la Roca. Solo en Cristo no serás conmovido.

# NOTAS

1. C. S. Lewis, "Reflections: Half-Hearted Creatures," C. S. Lewis Institute, noviembre de 2008, https://www.cslewisinstitute.org/resources/reflections-november-2008.
2. Rich Villodas, *Deeply Formed Life: Five Transformative Values to Root Us in the Way of Jesus* (Colorado Springs: WaterBrook: 2021), 59.
3. Eli Wiesel, *Night* (Nueva York: Hill and Wang, 2006), 68.
4. C. S. Lewis, *El peso de la gloria* (Madrid, España: Ediciones Rialp, 2017), 24.
5. Hannah Anderson, *All That's Good: Recovering the Lost Art of Discernment* (Chicago, IL: Moody Publishers, 2018), 128.
6. *KJV Spurgeon Study Bible* (Nashville: Holman Bible, 2018), 25.
7. J. R. Edwards, *The Gospel According to Mark* (Grand Rapids: Eerdmans, 2002).
8. Tim Keller, *Toda buena obra: Conectando tu trabajo con el trabajo de Dios* (Nashville, TN: B&H Español, 2018), 205.
9. Anne Trafton, "An Unforgettable Life," MIT News, 14 de mayo de 2013, https://news.mit.edu/2013/suzanne-corkin-permanent-present-tense-0514.
10. Dan Allender y Tremper Longman, *The Cry of the Soul: How Our Emotions Reveal Our Deepest Questions about God* (Colorado Springs: NavPress, 2015), 167.
11. Rich Villodas, *Deeply Formed Life*, 45.
12. Edward Mote, «Mi esperanza firme está», dominio público, último acceso: 22 de febrero de 2024, https://www.hymnal.net/en/hymn/hs/142.